Christoph Carl Stübel

**System des allgemeinen peinlichen Rechts**

mit Anwendung auf die in Chursachsen geltenden Gesetze besonders zum

Gebrauche für akademische Vorlesungen

Christoph Carl Stübel

**System des allgemeinen peinlichen Rechts**
*mit Anwendung auf die in Chursachsen geltenden Gesetze besonders zum Gebrauche für
akademische Vorlesungen*

ISBN/EAN: 9783743691834

Hergestellt in Europa, USA, Kanada, Australien, Japan

Cover: Foto ©Suzi / pixelio.de

Weitere Bücher finden Sie auf **www.hansebooks.com**

# System

des

## allgemeinen

# Peinlichen Rechts

mit Anwendung

auf die

in Chursachsen geltenden Gesezze

besonders zum Gebrauche

für

## academische Vorlesungen

von

## D. Christoph Carl Stübel

ausserordentlichem Professor des Sächsischen Rechts und Beisizzer der
Juristenfacultät zu Wittenberg.

---

### Zweiter Band.

Von den Verbrechen im Allgemeinen.

---

## Leipzig,

in der Sommerschen Buchhandlung.
1 7 9 5.

# *Vorerinnerung.*

Schon die Einleitung, welche ich diesem Systeme habe vorhergehen lassen, trägt von einer ganz eigenthümlichen Behandlungsart der peinlichen Rechtswissenschaft sehr deutliche Spuren. Mein Bemühen ist auch in der That darauf gerichtet, derselben diejenige Gestalt zu geben, welche sie, nach den neuern und zum Theil glüklichen Verbesserungen, und dem Grade der Cultur anderer mit ihr verbundenen Disciplinen, schon haben sollte. Denn so viele Fortschritte man auch zu Ende dieses Jahrhunderts darinne gemacht hat, so schränkte man sich doch nur auf die Berichtigung einiger Begriffe und Lehren derselben ein, und liess übrigens dem ganzen Gebäude seine veraltete Form, die nach längst verworfenen Grundsäzzen bestimmt worden war. Daraus muste nun nothwendig ein auffallender Contrast in dem Lehrsysteme derselben entstehen, der wohl nicht leicht einem denkenden und aufmerksamen Beobachter entgehen konnte.

In wiefern dieses Urtheil gegründet sey, dürfte sich wohl aus diesem und den folgenden Bänden meines Lehrbuchs von selbst ergeben. Ich habe es gewagt, die ersten Grundsäzze dieser Wissenschaft aufzusuchen, und darauf mit möglichster Unbefangenheit alle einzelne Lehren derselben zurükzuführen. Um nun etwas Ganzes zu liefern, so war es nöthig, mich über die Dogmen der Vorzeit zu erheben, und, ohne Ansehen der Auctoritäten, nach dem Probiersteine der ächten Principien unserer Gesezgebung niederzureissen und aufzubauen. Das Bewustseyn des grossen Bedürfnisses trieb meine wenigen

Kräfte an, und die Hoffnung, dass auch ein mislungener Versuch, demungeach- tet, als der erste, noch einigen Werth haben könne, flösste mir den dazu erforderlichen Muth ein. Möchte doch also das erste Unternehmen dieser Art nur einigermassen gelingen, und wenigstens eine Veranlassung werden, dass Männer, die der Sache mehr gewachsen sind, selbst eine geübtere Hand an das Werk legen! Wie sehr würde ich mich dann für mein mehrjähriges Nachdenken belohnt achten.

Doch habe ich keinesweges die Absicht, blos Philosophie der peinlichen Gesezgebung vorzutragen, sondern vielmehr für das richterliche Forum unmittelbar zu arbeiten. Dessen ungeachtet aber kann ich nicht allein bei dem wörtlichen Inhalte der Gesezze stehen bleiben.

Ein vollständiges Lehrsystem erfordert schlechterdings, dass man in den

Geist des positiven Rechts eindringe, und
mit diesem die allgemeinen Grundsäzze
verbinde. Ich glaube diese Erweiterung
der Grenzen unseres Lehrvortrags vielleicht rechtfertigen zu können. Denn
man würde sich sehr irren, wenn man
alles, was ein Criminalist in den Gerichten nöthig hat, in den positiven peinlichen Gesezzen zu finden wähnte.

Es sind erstlich darinn nur selten diejenigen Begriffe angegeben, nach welchen
ihre Vorschriften beurtheilt werden müssen. Der Gesezgeber hat seine Pflicht erfüllt, wenn er bestimmt, was gethan oder
unterlassen werden soll. Die Gründe
davon interessiren blos denjenigen, welcher die Gesezze erklären und anwenden
will, da dieses ohne die Kenntniss jener
nicht füglich geschehen kann.

Zweitens ist es noch weniger zu leugnen, dass eine sehr grosse Menge der Fälle,
welche in den peinlichen Gerichten vor-

kommen, und entschieden werden müssen, von den positiven peinlichen Gesezzen nicht bestimmt sind, und dass also
diese allein uns in dem gemeinen Leben keine hinlängliche Auskunft geben.
Die vorkommenden Fälle sind unendlich verschieden, und es würde ein eben
so schädliches als unausführbares Unternehmen seyn, selbige alle auf das
genaueste bestimmen zu wollen, so,
dass der richterlichen Willkühr gar
nichts überlassen bliebe, weil dann die
grössten Inconvenienzien und Wider-
sprüche doch unvermeidlich wären. Es
überlässt also auch die vollkommenste
Gesezgebung viele Bestimmungen der unerlaubten Handlungen und der Strafen
derselben dem Ermessen der Richter
und Urthelsverfasser; Sie entscheidet blos
allgemeine Fälle, und giebt dadurch eine
Anleitung, wie die übrigen analogisch beurtheilt werden sollen, der willkührlichen
Strafen, und ganz unentschieden gelasse-
nen Selbstvertheidigung im Fall der soge-

nannten Nothwehr nicht zu gedenken.
Daraus folgt nun aber, dass ein Lehrsystem, so wie überhaupt jeder Lehrvortrag
äusserst mangelhaft werde, worinne man
nicht diejenigen Grundsäzze erklärt, worauf die positiven Vorschriften gebaut sind,
und die Begriffe entwikkelt, ohne welche
jene wieder nicht verstanden werden können. Denn dadurch allein werden wir in
den Stand gesezt, die Gesezze zu verstehen, und bei ihrer Anwendung das auszu-
füllen, was sie nicht bestimmen konnten.
Nun scheint mir aber dieser Zwek noch
weit leichter erreicht zu werden, wenn
man das allgemeine peinliche Recht zunächst abhandelt, und dahinein die positiven Vorschriften verwebt; denn auf diese
Art wird der ganze Vortrag zusammenhän-
gend, und also auch fasslicher, ohne dass
die positiven Bestimmungen vernachläs-
sigt würden.

Die in diesem zweiten Bande enthal-
tenen Lehren sind vorzüglich so beschaf-

fen, dass wir darüber in unsern positiven
Gesezzen sehr wenig Auskunft finden, da
sie allgemeine Begriffe betreffen. Denn
die Regeln von der Zurechnung und der
Subsumtion einzelner Handlungen unter
die Gesezze gehören in das Gebiet der Philosophie, und werden von dem Gesezgeber vorausgesezt. Daher machen die positiven Bestimmungen den kleinsten Theil
darinne aus. Und auch das Wenige, was
davon bemerkt worden, habe ich besonders deswegen angeführet, um zu zeigen,
dass die allgemeinen Lehren mit den positiven übereinkommen, und dass ich wirklich für diese Welt schrieb. —

Sollte dieser Versuch nicht ganz ge-
misbilligt werden, so würde mich dies
aufmuntern, noch ein weitläuftigeres
Werk, als ein vollständiges Handbuch,
zu liefern, worinn sowohl die allgemeinen
Lehrsäzze noch mehr entwikkelt, als auch
die positiven Bestimmungen ganz er-
schöpft werden sollen, damit der prakti-

sche Gebrauch dieses Systems denenjeni-
gen erleichtert werde, welche mit der Philosophie der peinlichen Gesezgebung weniger bekannt sind.

Wittenberg, am 24. Jun. 1795.

# Inhalt.

---

§. 259.

Nothwendigkeit derselben in Ansehung der Natur der Strafgesezze.

§. 260.

Folgerung aus dem Vorhergehenden.

cc) Von der Immoralität der Verbrechen in Ansehung der Selbstbestimmung dazu, und von dem Vorsazze im Allgemeinen.

§. 261.

Die Selbstbestimmung, als der eigentliche Act des freien Willens.

§. 262.

Die Selbstbestimmung zu einem Verbrechen unter dem Namen des Vorsazzes im Allgemeinen, und Begriffe derselben.

§. 263.

Unterschied der Selbstbestimmung in Ansehung der innern und äussern Freiheit.

§. 264.

Verschiedenheit derselben in Ansehung der innern Freiheit und Eintheilungen des Vorsazzes im Allgemeinen.

§. 265. — 267.

Verschiedenheit derselben in Ansehung der äussern Freiheit.

§. 268.

Fernere Eintheilungen des Vorsazzes im Allgemeinen, in Ansehung der äussern Freiheit.

§. 269.

Unterschiede der Selbstbestimmung in Ansehung der damit verbundenen Ueberzeugung des Handelnden von dem gewis-

II.                              b

sen, oder wahrscheinlichen, oder möglichen geseizwidrigen Erfolge.

aaa) Von der Selbstbestimmung, welche mit der Ueberzeugung der Gewissheit der in einem peinlichen Gesezze ausdrüklich verbotenen Handlung verbunden ist, und von dem Vorsazze insbesondere.

§. 270. und 271.

Wenn die Ueberzeugung vorausgesezt werden kann.

§. 272.

Wenn sie aber erst zu erweisen ist.

§. 273.

Begriff des Vorsazzes insbesondere.

§. 274.

In wieferne dieser nicht eingetheilt werden könne.

bbb) Von der Selbstbestimmung, welche mit der Ueberzeugung der Wahrscheinlichkeit der in einem peinlichen Gesezze ausdrüklich verbotenen Handlung verbunden ist, und von der Schuld.

§. 275.

Begründung dieser Wahrscheinlichkeit in Ansehung der Freiheit und der freien Willkühr.

§. 276. — 278.

In wieferne eine solche Handlung unerlaubt sey.

§. 279.

Unterschied in Ansehung der Absicht des Handelnden, und Begriff der Schuld.

## Zwote Abtheilung.

*Von der Handlung der Zurechnung selbst.*

### Erste Unterabtheilung.

*Von dem Begriffe derselben.*

§. 363. und 364.

Der entfernteste Begriff.

§. 365. — 367.

Ableitung des nächsten Begriffs.

§. 368.

Bestimmung des nächsten Begriffs.

### Zwote Unterabtheilung.

*Von den Eintheilungen der Zurechnung.*

§. 369. und 370.

Eintheilung in die der ursprünglichen und theilnehmenden Bestimmung.

§. 371.

Begriff eines Urhebers in der engen, und eines Theilnehmers in der weiten Bedeutung.

§. 372.

Eintheilung der leztern Art in die unmittelbare und mittelbare.

§. 373.

Begriff des Urhebers in dem weiten, und des Theilnehmers in dem engen Sinne.

§. 374.

Begriff einer Verschwörung.

§. 402. und 403.

Andere unzulässige Eintheilungen.

## Dritte Unterabtheilung.
### *Von den Graden der Zurechnung.*

A) Nach allgemeinen Grundsäzzen.

1) Von den Graden der Zurechnung in Anschung der ursprünglichen Bestimmung zu einem Verbrechen.

§. 404. — 410.

Begründung der Regeln dazu.

§. 411. — 421.

Die erste Hauptregel in Ansehung der Freiheit, Pflichtwidrigkeit, und Thätigkeit bei einer Bestimmung zu einem Verbrechen.

§. 422.

Die zwote Hauptregel in Ansehung der Triebfedern des Delinquenten.

§. 423. — 426.

Die dritte Hauptregel in Ansehung der Ausführungsart des Verbrechens.

2) Von den Graden der Zurechnung in Ansehung der theilnehmenden Bestimmung zu einem Verbrechen, oder der Theilnahme.

§. 427.

In Ansehung der unmittelbaren und mittelbaren Theilnahme.

§. 428 a. und 428 b.

In Ansehung der Absicht des Theilnehmers.

§. 429.

Anwendung der allgemeinen Regeln der Zurechnung.

§. 430.

Besonders mit Beziehung auf die Eintheilungen der Theilnahme.

§. 431.

Bestimmungen einzelner Regeln für die Abmessung der Grade
der Theilnahme.

Anhang.

§. 432. und 433.

Bemerkungen über diese allgemeinen Regeln von der Zurechnung der ursprünglichen und theilnehmenden Bestimmung überhaupt.

B) Von den Graden der Zurechnung nach den Chursächsischen Gesezzen.

§. 434. — 441.

Allgemeine Bemerkungen darüber.

§. 442.

Bestimmung einzelner Regeln.

1) In Ansehung der ursprünglichen Bestimmung zu
einem Verbrechen.

§. 443.

Von der ersten Hauptregel.

§. 444 — 447.

Von den Regeln, welche nach dem ersten Sazze derselben zu
formiren sind.

§. 494.

In Ansehung der Entdekkung und der Zeit der Anklage. .

§. 495.

In Ansehung der geistlichen und weltlichen Gerichtsbarkeit.

§. 496.

In Ansehung des regelmässigen Verfahrens bei der Untersuchung.

§. 497.

Nach den deutschen Gesezzen.

§. 498. — 500.

Nach den römischen Gesezzen.

# Verbesserungen.

## Erster Band.

S. 55. Z. 12. von unten, statt verständigen Rechts, lese man
Rechtsverständige.
- 130. - 1. von oben, st. Abtheilung l. Abschnitt.

## Zweiter Band.

S. 24. Z. 10. v. o. st. unmittelbaren l. unmittelbare.
- 28. - 4. v. o. st. ecquod l. ecquid.
- 77. - 15. v. u. st. oder l. und.
- 115. - 11. v. u. st. der einige l. derjenige.
- 116. - 1. v. u. st. ein l. in.
- 118. - 5. v. o. st. entsand l. entstand.
- 127. - 1. v. o. st. ereiget l. ereignet.
- 128. - 6. v. u. st. Fauctores l. Fautores.
- 155. - 4. v. o. st. Reuterbesattlung l. Reuterbestallung.
- 156. - 1. v. o. st. Mandada l. Mandate.
- 164. - 8. v. o. st. grworden l. geworden.

# Erstes Buch.

*Von der theoretischen peinlichen Rechts-wissenschaft.*

---

## Erster Theil.

*Von der allgemeinen.*

---

## Erstes Hauptstükk.

*Von der Bestimmung der Verbrechen.*

---

### Erster Abschnitt.

*Von dem Begriffe derselben.*

---

### §. 177.

Die in dem ersten Hauptstükke der Einleitung enthaltene Entwikkelung eines peinlichen Gesez-zes legt uns den Begriff der Verbrechen selbst zu-gleich vor Augen. *Iede Uebertretung der be-schriebenen peinlichen Gesezze ist* nämlich *ein Verbrechen.*

> Der Ausdruk : *Verbrechen* kommt von dem Worte *brechen* her. Daher nennte man auch ehedem dergleichen Handlungen, Brüche. Siehe *Erhard* in s. Handbuche des

II.                     A

Chursächsischen peinlichen Rechts, §. 72. Anm. 1. *Schmalz*
in d. natürlichen Staatsrechte, § 156. in der Anm. und *Feder* in der Vorrede zu dem Buche von *Servin* über die
peinliche Gesezgebung.

Die lateinischen Worte: *Delictum* und *Crimen* sind von
*Vicat* in s. Vocabular. iur. vtriusque erklärt, B. 1. S. 369.
und 408.

## Erste Abtheilung.

*Zergliederung des Begriffs nach allgemeinen
Grundsäzzen.*

### § 178.

Die genauere Bestimmung derienigen Handlungen, welche zu den Verbrechen gerechnet
werden müssen, ist daher sehr leicht von dem
Wesen der peinlichen Gesezze abzuleiten  Diese
sind *erstlich eine Art der Strafgesezze*, § 15. welche wir als Vorherbekanntmachungen der, auf eine
Drohung zu erfolgenden moralischen Prävention
betrachten. § 13. und 14.  Ihre Gegenstände sind
mithin Aeusserungen des Willens, Jemanden zu
verlezzen, die Strafen nach sich ziehen, und so
auch die Uebertretungen derselben, alle Handlungen, welche einen solchen Willen zu erkennen geben.

### §. 179.

Als eine dergleichen Handlung hat man theils
eine wörtliche Erklärung, dass Jemand eine Verlezzung beabsichtige, theils auch eine schon ge-

wagte (veranstaltete, oder angefangene, oder vollendete) Verlezzung anzusehen. § 67. Diese lezte Art der Willenserklärung ist erstlich die nachtheiligste, da sie nicht nur die Ruhe vor besorglichen, sondern auch ausserdem noch die Sicherheit vor gegenwärtigen Beleidigungen unterbricht, und hernach auch die gewöhnlichste, da der Verlezzende, wenn er nicht entdekt wird, davon öfters besondere Vortheile hoffen kann, iene aber ihn gewöhnlich nur der Gefahr, bestraft zu werden, aussezt und also in dem Falle ohne eine Uebereilung nicht denkbar ist. In diesen Rüksichten kommen in den peinlichen Gesezzen diejenigen Willenserklärungen vorzüglich in Betrachtung, welche in einer schon unternommenen Verlezzung bestehen.

Es kann die wörtliche Aeusserung, Jemanden zu verlezzen, auch einen reellen Vortheil gewähren, wenn man durch Drohungen den andern wider seinen Willen zu Leistungen nöthiget. Diese Handlung gehört aber zu den stillschweigenden Willenserklärungen. Ist nämlich die Leistung schon durch Furcht erzwungen, so ist eine vollendete Verlezzung vorhanden, und denn auch weiter etwas nicht zu befürchten, als die Wiederholung der Drohung, um die Leistung nochmals zu erlangen, so wie iede Verlezzung die Wiederholung derselben wahrscheinlich erwarten lässt. Ist die Leistung aber noch nicht erfolgt, so ist die Verlezzung doch wenigstens angefangen, und ebenfalls keine wörtliche, sondern eine stillschweigende Aeusserung des Willens, solche ähnliche Vergehungen zu unternehmen. Uebrigens betrachten wir die Handlung eines Verbrechens an sich, ohne auf den freien Willen des Urhebers Rüksicht zu nehmen. Diese Eigenschaft eines Verbrechens gehört in die Lehre von der Zurechnung.

## § 180.

Auch ist die Aeusserung, Jemanden verlezzen zu wollen, an sich schon eine vollendete Verlezzung, und eine besondere Art von Verbrechen, ohne auf die wirkliche Ausführung derselben Rüksicht zu nehmen, da sie das Recht auf Ruhe vor besorglichen Beleidigungen störet. § 8. Und gesezt auch der Drohende könne erweisen, dass er den ernsten Willen nicht gehabt habe, ·die Drohung zu erfüllen, so findet doch auch in diesem Falle das Strafrecht als eine moralische Prävention, wider die Widerholung solcher, die Ruhe vor besorglichen Beleidigungen störenden, Aeusserungen statt.

> Darauf gründet sich eine neue, bisher noch nicht bemerkte, Eintheilung der Verbrechen, von der wir Gebrauch machen werden.

## § 181.

Nun ist aber nicht iede Drohung ein Gegenstand der peinlichen Gesezze. Diese sind *zweitens eine Art der öffentlichen Gesezze*, § 26. und betreffen also die Sicherstellung des allgemeinen Zwekks in der bürgerlichen Gesellschaft. Folglich muss die Uebertretung eines peinlichen Gesezzes eine solche Handlung seyn, welche auf den Staatszwekk einen unmittelbaren, oder wenigstens einen entschiedenen und bestimmten mit-

telbaren nachtheilichen Einfluss hat, nnd denselben hindert.

In dieser Hinsicht leuchtet der Unterschied zwischen
einem Verbrechen und Sünde deutlich ein. Iedes Verbrechen ist zugleich Sünde, aber nicht iede Sünde zugleich
ein Verbrechen. Siehe *Schmid* in dem Versuche einer Moralphilosophie, Iena 1792. § 339. b.

## §. 182.

Da nun die mittelbaren Verlezzungen eines
Privatrechts, §. 9. und alle innere Handlungen,
als solche, in sofern sie nicht eine äussere unerlaubte Handlung wahrscheinlich machen, sie
mögen auch übrigens noch so sehr mit dem
Zwekke des Staats streiten, die Eigenschaften
nicht haben, so können sie auch nie als ein Verbrechen betrachtet werden. So allgemein angenommen der lezte Sazz ist, so scheinen doch die
Criminalisten nicht den rechten Sinn damit zu
verbinden, und ihn wenigstens zu unbestimmt
auszudrükken. Eine innere Handlung, *als eine
solche*, ohne Beziehung auf äussere Handlungen
ist kein Gegenstand der bürgerlichen Gesezze,
wohl aber in soferne sie geäussert ist, eine Verlezzung wahrscheinlich macht und mithin das
Recht auf Ruhe vor besorglichen Beleidigungen
störet. Eine solche ist das Wollen einer äussern
unerlaubten Handlung, oder die Selbstbestimmung dazu. Daher kann der blosse Wille ein
Gegenstand der peinlichen Gesezze werden.

Nach diesem Unterschiede der innern Handlungen bestrafte *Dionysius*, wie *Plutarch* erzählt, ganz unrechtmässig einen gewissen *Marsyas* der nur von einem Verbrechen geträumt, und dadurch zwar geszwidrige Gedanken verrathen konnte, aber nicht zugleich den Willen, sie auch auszuführen, geäussert hatte. Ein ähnliches Beispiel erzählt *J. F. Eisenhart* in den Grundsäzzen der deutschen Rechte in Sprüchwörtern, Helmstadt 1759. S. 597. und mit Anmerkungen erläutert von *E. L. A. Eisenhart*, Leipzig 1792. S. 242.

Besonders wendete man ehedem diesen Saz bei der Lehre von der Kezzerei nicht gehörig an.

Uebrigens ist noch darüber nachzusehen : *Glück* in der Erläuterung der Pandecten Th. 1. § 6.

## § 183.

Es unterscheiden sich *drittens* die peinlichen Gesezze von den polizeimässigen Gesezzen noch dadurch, *dass in denselben allein die Erhaltung oder die Sicherheit der natürlichen Zwangsrechte, sowohl einzelner Bürger, als des ganzen Staats beabsichtiget wird.* § 15. Daraus folgt, dass zu den Verbrechen nur die Verlezzung solcher Rechte, keineswegs aber die Störung einer auf Mehrung der Vollkommenheit abzwekkenden Einrichtung, wie solche § 17 — 23. beschrieben worden sind, gezählt werden könne.

## § 184.

Diese sind und bleiben Polizeivergehungen, wenn auch die geszgebende Gewalt die zur Mehrung der Vollkommenheit zustehenden natürlichen Nichtzwangsrechte zu Zwangsrechten erho-

ben hat, da dann die in Zwangsrechte verwan-
delten Nichtzwangsrechte doch ebenfalls wieder
die Mehrung der Vollkommenheit betreffen.
§ 10. N. a).

## § 185.

Endlich zeichnen sich die peinlichen Gesezze
auch *viertens* in soferne vor allen übrigen positiven Gesezzen aus, *dass sie blos wider unmittelbare Verlezzungen gerichtet sind.* § 9. und 10.
Die mittelbaren Verlezzungen Einzelner sowohl,
als der ganzen Gesellschaft, welche die Folge
eines, an sich wirklich, oder wenigstens dem äussern Scheine nach, erlaubten Vertrags sind;
müssen daher ebenfalls von den Handlungen der
Verbrechen ausgenommen werden.

> Man schränkt zwar gewöhnlich die Verbrechen auf Ver-
> lezzungen der natürlichen Zwangsrechte ein, allein der,
> zur Bestimmtheit des Begriffs derselben unentbehrliche,
> Unterschied zwischen unmittelbaren und mittelbaren Ver-
> lezzungen dieser Rechte ist zur Zeit noch nicht benuzt
> worden. *Kleinschrod* bemerkt in seiner scharfsinnigen
> Abhandlung von Verbrechen das Unbestimmte eines Be-
> griffs sehr wohl, nimmt aber blos dazu seine Zuflucht,
> dass keine Regel ohne Ausnahme sei. S. Systematische Ent-
> wikkelung der Grundbegriffe und Grundwahrheiten des
> peinlichen Rechts, Th. 1. §. 5. und 6. Unmittelbare Ver-
> lezzungen der natürlichen Zwangsrechte sind ohne Ausnah-
> me Verbrechen.

## § 186.

Wird durch eine mittelbare Verlezzung das
Recht eines Einzelnen gestöret, so ist sie in dieser Rüksicht ein Gegenstand der Privatgesezze.

### §. 187.

Unterbricht sie die Sicherheit eines Collegial-
rechts, so ist sie, als eine solche, zwar ein Gegenstand der öffentlichen Gesezze ; giebt uns
aber doch in der Regel kein Recht zur Strafe,
und qualificirt sich noch weit weniger zu einem
Gegenstande der peinlichen Gesezze.

### §. 188.

Jede mittelbare Verlezzung ist, wenn sie die
Forderung einer Genugthuung zulassen soll, entweder eine *vorsäzliche* oder *verschuldete* Betrüge-
rei, da der Verlezzende entweder gleich im Anfange die Absicht hatte, uns unter dem Scheine
eines rechtmässigen Vertrags etwas zu entziehen,
oder wenigstens nachher seine Pflichten, die
ihm nach dem Vertrage oblagen, vernachlässigte,
und dadurch in der Folge ausser Stand gesezt
wurde, uns zu befriedigen.    Z. B. ein durch
Leichtsinn in Banquerut gerathener Schuldener.
Sie sezt also iedesmal ein getäuschtes Zutrauen
voraus.    Ohne Irrthum des Verlezten lässt sich
keine mittelbare Verlezzung denken.

### §. 189.

Die künftige Sicherheit des Verlezten hängt
folglich auch allein von einer grössern Vorsicht
und davon ab, dass er den Verlezzenden eines
fernern Zutrauens nicht würdiget.    Sobald er
keinen neuen Vertrag mit ihm eingehet, so ist
er vor der Wiederholung dieser Art von Verlez-

zungen völlig gesichert. Es stehet ihm daher auch wegen derselben blos das Zwangsrecht auf Entschädigung zu. Alle andere Arten des Schuzrechts, und insbesondere die gewaltsame Prävention und eine Strafe sind in dem Falle nicht nothwendig, und also ungerecht.

### §. 190.

Da nun der Gesezgeber bei der Wahl der bürgerlichen Sicherheitsmittel die Grenzen des natürlichen Schuzrechts beobachten (§ 75. und 76.) und also die möglichst kleinste Gewalt und das möglichst kleinste Uebel, wodurch der bürgerlichen Gesellschaft die Sicherheit gewähret wird, anwenden muss, so würden Strafgesezze in der Hinsicht unzulässig seyn. Auch der Staat hat wegen derselben blos ein Zwangsrecht auf Entschädigung.

Wollte man einwenden, dass Strafen hier doch wenigstens zur Abschrekkung für andere dienen würden, die vielleicht eben so wenig treu und gewissenhaft handeln, und in Ermangelung der Wissenschaft von ihrer Gesinnung den Staat mittelst eines Vertrags täuschen und verlezzen könnten, so beziehe ich mich auf die Lehre von dem Strafzwekke, in welcher gezeigt wird, dass wegen der Abschrekkung anderer nie eine Strafe geschärft, und noch weit weniger durch dieselbe allein begründet werden könne.

Doch bleiben dem Staate noch andere Mittel zur Sicherheit vor mittelbaren Verlezzungen übrig. Ausserdem, dass dieienigen, welche die Regierung führen, die möglichste Vorsicht beobachten, pflegen sie durch Caution und die Güter derienigen, mit welchen sie sich wegen Staats-

angelegenheiten in Verträge einlassen, sich zu sichern.
Z. B. die Einnehmer der öffentlichen Gelder und andere
öffentliche Beamte, die dem Staate, durch die Verun-
treuung des ihnen übertragenen Geschäfts, etwas entziehen können.

## § 191.

Hierzu kommt noch, dass mittelbare Verlezzungen schon an sich auch ausserdem nicht so
gefährlich sind, als die unmittelbaren, und dass
auch aus diesem Grunde zwischen ienen und diesen bei der Wahl der Sicherheitsmittel ein Unterschied zu machen ist. Man kann mit der gehörigen Vorsicht auch der ersten mittelbaren Verlezzung ausweichen, und ihren Folgen wenigstens leichter vorbeugen.

## §. 192.

Dergleichen Vergehungen können also nie zu
den Gegenständen der peinlichen Gesezze gezählet, und als solche behandelt werden. Sie sind
vielmehr blos polizeiwidrige Handlungen, und
als solche in einer andern Rüksicht mit Strafen
zu ahnden. Wer sich nämlich eines Betrugs
schuldig macht, der verlezt die zur Bildung der
Bürger im Staate erforderliche Wahrhaftigkeit
und Treue, für deren Erhaltung und Mehrung
die Polizeigesezgebung Sorge tragen muss.
§. 21. und 22.

## §. 193.

Ob nun gleich durch Unterlassung eines
neuen Geschäfts mit einem Betrüger die Wieder-

holung seiner Verlezzung völlig verhindert, und
in der Rüksicht keine Strafe gerechtfertigt werden kann; so ist doch die Wiederholung des Versuches, Jemanden zu betrügen, zu befürchten,
wodurch eben sowohl die Wahrhaftigkeit und
Treue im Staate verlezt wird, als wenn die Absicht wirklich ausgeführt worden ist. Und auf
die Art ist das Strafrecht wegen der mittelbaren
Verlezzungen für die Polizeigesezgebung begründet.

> Dieses lässt sich auf Betrügereien sowohl gegen Ein-
> zelne, als auch gegen den ganzen Staat anwenden. Daher
> sind auch iene, in wieferne dieser Gegenstand der Poli-
> zeigesezze dadurch leidet, Polizeivergehungen.

### §. 194.

Nehmen wir nun diese einzelnen Bestimmungen der Handlungen, worauf die Verbrechen eigentlich einzuschränken sind, zusammen, so ist
ein *bürgerliches Verbrechen, die unter Androhung
einer Strafe in den Gesezzen verbotene Aeusserung
des Willens, ein natürliches Zwangsrecht unmittelbar zu verlezzen.*

So sehr dieser Begriff vielleicht auffällt, so
ist er doch aus den vorhergehenden Paragr. leicht
zu verstehen, und in der Natur der Sache gegründet. Denn wir strafen keineswegs eine verbotene Handlung deswegen, weil sie geschehen
ist, sondern weil wir ihre Wiederholung zu befürchten haben, und betrachten sie also bei der
Bestrafung allein als eine Drohung. Daher muss

ein Verbrechen auch aus diesem Gesichtspunkte definiret werden. Schon die Erfahrung lehret diesen Saz. So lange nicht erwiesen ist, dass der Urheber eines Verbrechens frei dabei gehandelt habe, lassen selbst die ungebildetsten Criminalisten keine Strafanwendung zu, ob sie vielleicht gleich den wahren Grund nicht wissen. Dieser bestehet aber eben darinne, dass, wenn ein Verbrecher nicht frei handelte, die Verlezzung seine wahre Gesinnung nicht äussert, und also auch nicht als eine Drohung angesehen werden kann. Der Begriff ist übrigens sehr brauchbar. Wir lernen daraus, wie man wörtliche Drohungen, und unvollendete Verlezzungen (delicta attentata und inchoata) zu betrachten habe.

Es ist in dem Begriffe eines Verbrechens die Erwähnung eines Strafgesezzes nur in soferne nöthig, als von einem bürgerlichen Verbrechen die Rede ist. Ich leugne dadurch nicht, dass eine solche Verlezzung ohne das Daseyn ein es solchen Gesezzes nicht bestraft werden könne. Allein dann kommen die natürlichen Strafgesezze in Anwendung, und es ist die Handlung eigentlich kein bürgerliches Verbrechen.

Vergl. *E. C. Wieland* in dem Geiste der peinlichen Gesezze, Leipz. 1783. Th. 1. §. 214. u. f. und *G. A. Kleinschrod* s. a. O. Th. 1. §. 12.

# Zweite Abtheilung.

*Zergliederung des Begriffs nach den Chursächsischen Gesezzen.*

## §. 195.

Da man nun aber auch uneigentliche peinliche Gesezze hat, §. 28. deren Bestimmung von
der Grösse der auf irgend eine Vergehung gesezten Strafe abhängt, so ist bei dem Begriffe eines
Verbrechens darauf. ebenfals noch Rüksicht zu
nehmen. Die Uebertretungen derselben sind
von den schon beschriebenen eigentlichen Verbrechen eben so verschieden, als iene Gesezze
von den eigentlichen peinlichen Gesezzen, und
wir können sie daher auch *uneigentliche Verbrechen* nennen. Zu denselben gehören also
überhaupt alle Polizeivergehungen, die vermöge
der Landesgesezze mit einer harten Strafe nach
Art der eigentlichen Verbrechen, und besonders von demienigen, der die peinliche Gerichtsbarkeit ausübt, zugleich geahndet werden sollen. Uebrigens aber lassen sich auch alle übrige Eigenschaften eines Verbrechens, so wie dasselbe §. 194. bestimmt worden, auf dieselben
anwenden.

## §. 196.

Die positiven Vorschriften darüber sind in
den Chursächsischen Gesezzen beinahe ganz willkührlich, so, dass sich keine bestimmte Regel

ausfindig machen lässt, nach welcher eine Poli-
zeivergehung in Ansehung ihrer Behandlungsart
den eigentlichen Verbrechen gleich geachtet
wird. Zu Folge der ehemaligen Grundsäzze hat
man besonders solche Polizeivergehungen als
peinliche Fälle behandelt, die sich auf die Religion beziehen, oder wenigstens den Mosaischen
Strafgesezzen zuwider sind. Das ist gewiss das
Hauptmerkmal, an welchem die uneigentlichen
Verbrechen zu erkennen sind. Z. B. Gotteslästerung, Meineid, Kezzerei, Zauberei, Wucher
und alle fleischliche Vergehungen. Doch gehören auch noch andere Polizeivergehungen zu den
uneigentlichen Verbrechen, die auf die Bevölkerung des Staats, den Unterhalt der Bürger, und
die sittliche und physische Bildung derselben
einen schädlichen Einfluss haben.

Die völlige Aufzählung und Classification der uneigent-
lichen-Verbrechen behalten wir uns bis zu dem 2ten Theile
dieses Buchs vor.

Uebrigens stimmen die Gesetze darinne völlig überein,
dass innere Handlungen, mit den bemerkten Einschränkungen, §. 182. nie zu den Verbrechen gezählt werden
können. Vergl. L. 18. D. de poenis, *Matthaei* in s.
Comment. de criminibus, Prol. §. 6. *Quistorp* in den
Grundsäzzen des deutschen peinl. Rechts, §. 33. und *Eisenhart* a. a. O. S. 242.

## Zweiter Abschnitt.

*Von der obiectiven Grösse der Verbrechen.*

### §. 197.

Die Grösse eines Verbrechens bezieht sich
überhaupt auf die Gefahr, welche daraus für den
Staat entstehet. Diese äussert sich nach verschiedenen Graden, wenn man ein Verbrechen
sowohl an sich selbst, ohne alle Beziehung auf
seinen Urheber, als auch mit besonderer Rüksicht auf denselben, und als die Handlung eines
bestimmten Menschen betrachtet. Daher haben
wir zuerst von der obiectiven Grösse oder blossen
Illegalität, und dann von der subiectiven Grösse
oder Immoralität der Verbrechen zu handeln.
Beide Untersuchungen gehören zu den wichtigsten Lehren in dieser Wissenschaft, indem darauf der Maasstab des zu bestimmenden Verhältnisses zwischen Verbrechen und Strafen gegründet werden muss.

Gewöhnlich unterscheidet man bei der obiectiven Grösse
der Verbrechen einen wirklichen Schaden, der daraus entstehet, und die blosse mit denselben verbundene Gefahr.
allein, da ich die Verbrechen in Ansehung des Strafrechts
von der Seite einer Drohung vorstelle, §. 194. so kann hier
nur von der Gefahr die Rede seyn. Und wenn man mich
recht verstehet, so wird man auch dabei etwas Widersprechendes nicht finden. Es kann allerdings auch auf den
durch eine solche Aeusserung gegenwärtig schon bewirkten
Schaden gesehen werden, allein nur nicht in den peinlichen Gesezzen, welche die Sicherheit durch Strafen be-

fördern, da diese einen schon vorhandenen Verlust nie
wieder ersezzen, und in der Rüksicht nicht gerechtfertiget
werden können. Wir betrachten sie daher blos als eine Art
der Prävention, und beziehen sie auf gedrohte und zu be-
fürchtende Verlezzungen.

Von dem Verhältnisse der Strafen zu den Verbrechen
wird gehandelt in dem zweiten Abschnitte des folgenden
zweiten Hauptstüks.

## Erste Abtheilung.

*Von der obiectiven Grösse der Verbrechen nach all-*
*gemeinen Grundsäzzen.*

### §. 198.

Das Obiect der Verbrechen ist alles dasienige,
was nach den eigentlichen, oder uneigentlichen
peinlichen Gesezzen schlechterdings geschehen
sollte, und doch nicht geschahe; oder der Mangel der Uebereinstimmung einer Handlung mit
den genannten Gesezzen, welche Eigenschaft der
Verbrechen auch mit dem Worte Illegalität be-
zeichnet wird. Es sind also die Verbrechen,
obiectiv betrachtet, eben so verschieden, als die
peinlichen Gesezze.

### §. 199.

Die Verschiedenheit der Gesezze ist im allgemeinen durch die darinne eingeschärften mehr
oder weniger wichtigen Pflichten erkennbar, deren Wichtigkeit sich nach der Anzahl und Unver-

lezlichkeit der Rechte, welchen sie entsprechen, richtet.

## §. 200.

Die Heiligkeit eines Rechts wird wieder durch die davon abhängenden Grade der Vollkommenheit bestimmt, wobei es endlich auf die Unentbehrlichkeit und Unersezlichkeit eines solchen Rechts ankommt.

## §. 201.

Die allgemeinen Regeln sind auf die peinlichen Gesezze ganz anwendbar, da diese nur solche Pflichten sanctioniren, welche nach dem vorgesezten Staatszwekke den Bürgern obliegen.

## §. 202.

Dieser Zwek ist in der Vervollkommnung des Menschengeschlechts gesezt worden. §. 3. Je unvermeidlicher, ie unersezlicher, ie heftiger und in ie grösserm Umfange diese nun theils durch die Art der gesezwidrigen Willenserklärung, theils aber auch durch dieienige Handlung gestört wird, worauf der geäusserte Wille eines Menschen gerichtet ist; desto grösser ist die Gefahr für den Staat, und ein desto grösseres Verbrechen die Aeusserung, obiectiv betrachtet.

Vergl. Gmelin in den Grundsäzzen der Gesezgebung über Verbrechen und Strafen, Tübingen 1785. §. 13. und 20. Ganz anders beurtheilte man leider ehedem die obie-

ctive Grösse eines Verbrechens, indem man vorzüglich
darauf, ob zugleich eine Religionspflicht, oder ein Mo-
saisches Strafgesez verlezt werde, Rüksicht nahm, und
vermöge einer vermeintlichen Statthalterschaft Gottes,
dessen Stelle bei Bestrafung der Sünden vertreten zu können und zu müssen, sich einbildete. Daher Carpzovs
Hexenprozess, daher die grausame Behandlung der sogenannten Kezzer, daher viele andere Gräuel des gerichtlichen Verfahrens in peinlichen Fällen !

## Erste Unterabtheilung.

*Von der verschiedenen Grösse der Verbrechen in An-
schung der Art sich zu äussern.*

### §. 203.

·Der Wille, ein Zwangsrecht zu verlezzen,
wird entweder stillschweigend, oder ausdrüklich
zu erkennen gegeben. §. 179. Da nun jene Art
der Aeusserung ausser der darinne liegenden Drohung einer ähnlichen unerlaubten Handlung,
zugleich eine gegenwärtige Verlezzung, mit in
sich begreift, iene aber die Eigenschaften nicht
hat, so sind beide sehr verschieden. Dieser Unterschied kommt aber nur in Betrachtung, in wieferne wir iede Drohung auch als eine besondere
schon vollendete Verlezzung ansehen, ohne auf
die Absicht des Drohenden, selbige zu erfüllen,
oder nicht, Rüksicht zu nehmen, §. 180. und in
soferne also auch die Wiederholung einer solchen verschiedenen Verlezzung zu befürchten ist.

Denn in der Hinsicht erregt eine stillschweigende Drohung eine grössere Gefahr, nämlich einer ähnlichen doppelten Verlezzung, als eine ausdrükliche, welche blosse Worte wiedererwarten lässt. Betrachten wir aber diese verschiedene Art der Aeusserung blos in Beziehung einer andern deswegen zu befürchtenden wirklichen Verlezzung, so vermehrt die stillschweigende Aeusserung das Gefährliche der Drohung gar nicht, da es ganz einerlei ist, ob mir Jemand seinen Willen, mich zu verlezzen, durch Worte oder Handlungen erklärt.

### Zweite Unterabtheilung.

*Von der verschiedenen Grösse der Verbrechen in Ansehung der Handlungen, auf welche der geäusserte Wille gerichtet ist.*

### §. 204.

Diese Handlungen sind nach dem §. 202. bestimmten Maasstabe auf folgende Art zu classificiren:

A) Die Entziehung eines Theils der Vollkommenheit.

B) Die Hinderung der Mehrung derselben.

C) Die Verlezzung der Collegialrechte des ganzen Staats. In Ansehung

a) der Maiestätsrechte und

b) der weniger wichtigen Collegialrechte.

D) Die Verlezzung der Rechte einzelner Staatsmitglieder.  In Ansehung

a) einer Gemeinheit in dem Staate,

b) mehrerer einzelner Bürger, und

c) einer einzigen Person.

    aa) die Verlezzung, welche schwer abge-
    wendet werden kann.

       aaa) die Verlezzung, als nothwendige
       Folge einer Handlung.

       bbb) die unmittelbare Verlezzung.

       ccc) die hinterlistige und gewaltsame
       Verlezzung.

    bb) die Verlezzung, welche leicht zu ver-
    hindern ist.

       aaa) die Verlezzung, als zufällige Folge
       einer Handlung.

         aaaa) die Verlezzung, welche wahr-
         scheinlicher ist, als ein anderer Er-
         folg des Unternehmens.

         bbbb) die Verlezzung, welche eben so
         wahrscheinlich ist, als ein anderer
         Erfolg des Unternehmens.

         cccc) die Verlezzung, welche weniger
         wahrscheinlich ist, als ein anderer
         Erfolg des Unternehmens.

         aaaaa) die Verlezzung, welche als
         wahrscheinliche Folge die Will-
         kühr ausschliesst.

bbbbb) die Verlezzung, welche als wahrscheinliche Folge noch willkührlich ist.

> Die Wahrscheinlichkeit ist grösser oder kleiner, je nachdem die zufällige Verlezzung oft und gewöhnlich, oder nur selten entstehet.

bbb) die mittelbare Verlezzung.

ccc) die Verlezzung, welche ohne besondere List und Gewalt unternommen wird.

cc) die Verlezzung eines unveräusserlichen Rechts.

aaa) die Verlezzung des Lebens.

bbb) die Verlezzung der ganzen Freiheit.

dd) die Verlezzung eines veräusserlichen Rechts.

aaa) die Verlezzung der Ehre.

bbb) die Verlezzung des Eigenthums.

ee) die Verlezzung eines Rechts, worauf sich mehrere Rechte gründen.

aaa) die Verlezzung des Lebens.

bbb) die Verlezzung der Gesundheit.

ccc) die Verlezzung der Freiheit.

ddd) die Verlezzung der Ehre.

ff) die Verlezzung eines Rechts, von dem andere nicht abhängen, z. B. die Verlezzung des Eigenthums der Sachen.

gg) die Verlezzung, welche gar nicht wieder gut gemacht werden kann.

hh) die Verlezzung, welche nur sehr schwer vergütet werden kann.

ii) die Verlezzung, welche leicht zu ersezzen ist.

kk) die Verlezzung eines Rechts in einem grossen Grade.

ll) die Verlezzung eines Rechts in einem kleinen Grade.

mm) die Verlezzung, mit der mehrere andere concurriren.

nn) die Verlezzung, die mit keiner andern verbunden ist.

### §. 205.

Ueber das Verhältniss dieser verschiedenen Verlezzungen, und die daraus entstehende Verschiedenheit der Verbrechen geben nun nachstehende Regeln eine vollkommene Auskunft:

A) Die Uebertretungen der eigentlichen peinlichen Gesezze sind grössere Verbrechen, als die Verlezzungen der uneigentlichen peinlichen Gesezze, weil iene auf Erhaltung, und diese auf Mehrung der Vollkommenheit abzwekken, und iene dieser überhaupt vorgehet.

### §. 206.

B) Die Verlezzungen der Collegialrechte sind grössere Verbrechen, als die Verlezzungen der

Rechte einzelner Staatsmitglieder, da durch iene
die Vollkommenheit aller, und durch diese nur
die Vollkommenheit einzelner Bürger leidet.

### §. 207.

C) Aus dem nämlichen Grunde wird ein grösseres Verbrechen begangen, wenn man entweder
das Recht, zum Staatszwekke vereiniget zu seyn,
oder das Recht, die Mittel zu diesem Zwekke
frei zu wählen, welches die beiden Hauptrechte
der Maiestät sind, in ihrem ganzen Umfange
störet, als wenn man nur ein einzelnes Colle-
gialrecht des Staats kränket. Z. B. das Verbrechen der beleidigten Maiestät, oder der Hochverrath und die Entwendung eines Theils des Staatsvermögens.

> Von diesen beiden Haupttheilen der Maiestät oder Sou-
> veränität handelt *Eberhard*, in der Abhandlung über
> Staatsverfassungen und ihre Verbesserung, 1. Heft. Berlin
> 1793. S. 40. u. ff.

### §. 208.

D) So ist auch ein grösseres Verbrechen vorhanden, wenn eine ganze Gemeinheit oder wenigstens mehrere Einzelne verletzt werden, als
wenn die Verlezzung nur einen einzigen Bürger betrift.

### §. 209.

E) Betrachtet man eine einzelne Verlezzung,
so ist sie ein grösseres Verbrechen, wenn deren

Abwendung bei ihrem Anfange mit vielen
Schwierigkeiten verbunden, oder wohl gar sogleich unmöglich ist, als wenn derselben auch
bei ihrer Entstehung noch vorgebeugt werden
kann. Daher hat man bei denjenigen Handlungen, die in Verbrechen ausarten, zu unterscheiden, ob das Verbrechen eine nothwendige, oder
eine zufällige Wirkung ist, und in diesem Falle
ferner, ob die Verlezzung zu den mittelbaren
oder unmittelbren gehöret, und ob die Mittel,
welche zur Ausführung der That angewendet
werden, leicht oder schwer zu verhindern sind.

### §. 210.

a) Die Verlezzung, die eine nothwendige Folge
der Handlung ist, muss daher für ein grösseres
Verbrechen angesehen werden, als wenn iene
nur zufällig entstehet.

> Darinne liegt die Ursache, warum Mordthaten, die von
> einer schlechterdings tödtlichen Wunde herrühren, mehr
> bestraft werden, als andere, welche durch zufällig tödt-
> liche Wunden, oder die Wegsezzung eines Kindes bewirkt
> worden sind.

### §. 211.

aa) Je nachdem nun eine Verlezzung, als zufällige Folge einer Handlung, mehr oder
weniger wahrscheinlich ist, als ein anderer
Erfolg, desto grösser ist das Verbrechen dieser Art.

Daher sind auch in peinlichen Fällen die Grade der Schuld, welche hier berührt werden, in Betrachtung zu ziehen.

## §. 212.

bb) Eine Verlezzung, die, als zufällige Folge einer Handlung, alle Willkühr aufhebt, ist ein grösseres Verbrechen, als diejenige, welche bis zu ihrem Dasein noch eine willkührliche blieb.

Diese beiden Paragraphen, werden in den beiden folgenden Abschnitten deutlicher werden.

## §. 213.

b) Unmittelbare Verlezzungen sind grössere Verbrechen, als mittelbare, da jenen nicht so leicht vorgebeugt werden kann, als diesen.

## §. 214.

c) Verbrechen, zu deren Ausführung eine besondere Hinterlist oder Gewalt angewendet wird, sind grössere, als diejenigen, welche auf eine weniger gefährliche Art unternommen werden.

Daher hält man Giftmischung und Meuchelmord für grössere Verbrechen, als andere Todtschläge, und einen gewaltsamen Diebstahl für ein grösseres Verbrechen, als einen heimlichen.

## §. 215.

F) Die Verlezzung eines unveräusserlichen Rechts ist ein grösseres Verbrechen, als die Ver-

lezzung eines veräusserlichen. Z. B. Leben oder
Freiheit und Eigenthum der Sachen.

### §. 216.

G) Je mehrere Rechte sich auf ein anderes
Recht gründen, ein desto grösseres Verbrechen
ist die Störung des leztern Rechts. Daher ist

a) die Beraubung des Lebens ein grösseres Verbrechen, als alle andere unmittelbare Verlezzungen einer Person;

b) die Verlezzung der Gesundheit dieser unmittelbar an die Seite zu stellen;

c) die Entziehung der Freiheit in die dritte
Classe zu sezzen; und

d) die Kränkung der Ehre noch ein grösseres
Verbrechen, als

e) die Störung des Eigenthums einer Sache,
da die vorhergehenden Verlezzungen iedesmal
andere mit in sich begreifen, diese lezte aber für
sich allein besteht.

### §. 217.

H) Eine Verlezzung, die ganz und gar uner-
sezlich ist, wird in der Hinsicht ein grösseres
Verbrechen als alle andere. Z. B. Leben und
Jungferschaft.

### §. 218.

I) Eine Verlezzung, die nur schwer, und
binnen langer Zeit erst ersezt werden kann, ist

ein grösseres Verbrechen, als dieienige, welche leicht und bald wieder gut zu machen ist, z. B. die Verlezzung der Gesundheit und die Entwendung einer Summe Geld.

## §. 219.

K) Auch treffen wir verschiedene Grade der einzelnen Verlezzungen an, ohne auf irgend einen andern der angeführten Umstände Rüksicht zu nehmen, da.z. B. Jemand mehr oder weniger verwundet, oder verstümmelt, ihm die Freiheit gänzlich und auf immer, oder nur zum Theil und auf eine Zeit lang entzogen, Schande oder Ehrlosigkeit bewirkt, und viel oder wenig von dem Eigenthume eines andern entwendet werden kann.

Es versteht sich von selbst, dass diese Verschiedenheit bei einigen Verlezzungen, z. B. bei der Beraubung des Lebens nicht statt hat.

## §. 220.

L) Gewöhnlich finden wir bei der Handlung eines Verbrechens mehrere solche, die obiective Grösse derselben vermehrende, Umstände. Je mehrere dergleichen gravirende Gründe nun in einem Verbrechen zusammen kommen, desto grösser wird dasselbe.

## §. 221.

So wichtig aber auch diese.Untersuchung ist, so hat man doch dabei theils einen falschen Weg eingeschlagen, theils selbige für unausführbar gehalten, und ganz unterlassen.

S. *Corn. van Bynkershoek*, Obs. III, 10. Lubrica est definitio, ecquod crimen sit habendum pro atrociori; quis enim arbiter id dixerit? nec ita leges loquuntur.

§. 222.

Gewöhnlich leitet man die Grösse eines Verbrechens von der Grösse der Strafe ab, und übersiehet, dass die Bestimmung der Strafen die Entscheidung der obiectiven Grösse schon voraussezze, da man diese allein deswegen zu erforschen hat, um iene zwekmässig zu wählen, und dass die Strafen nicht allein nach der obiectiven Grösse der Verbrechen, sondern auch zugleich nach der Immoralität derselben, z. B. nach der Grösse des Reizes und der Veranlassung dazu bestimmt werden, und also von der Grösse einer Strafe auf die obiective Grösse der Schluss nicht allein gemacht werden könne.

Vergl. *Püttmann* in s. Elem. iuris crim. §. 30.

§. 223.

Auch hat man neuerlich bei der Erörterung der obiectiven Grösse eines Verbrechens allein darauf Rüksicht nehmen zu müssen geglaubt, ob eine Handlung schon nach der Natur eines Staats und dem allgemeinen Staatsrechte, oder erst allein nach willkührlichen positiven Verordnungen als ein Verbrechen anzusehen sey, und

hat iene ohne Ausnahme für grössere als diese
erklärt; allein es giebt gar kein wahres Verbrechen, dessen Gesezwidrigkeit nicht schon in der
Natur des Staats gegründet sey.    Eine positive
Vorschrift, welche auch andere Handlungen zu
einem Verbrechen machte, wäre ein Eingriff in
die bürgerliche Freiheit.    Und verstehet man
unter der zweiten Gattung der Verbrechen etwa
die Vergehungen wider uneigentliche peinliche
Gesezze, so ist auch dann obige Regel ungegründet, da die Uebertretung dieser ein grösseres
Verbrechen werden kann, als die Verlezzung der
eigentlichen peinlichen Gesezze.    Z. B. Wucher
oder ein vorsäzlicher Banquerut und eine wörtliche Iniurie.

> Vergl. *G e i s l e r i animadversionum ex iure universo de-
> promptarum spicilegium primum,* Witt. 1787. Obs. I. de
> notione et praecipuo criminum et delictorum discri-
> mine.

## Zweite Abtheilung.

*Von der obiectiven Grösse der Verbrechen nach den
Chursächsischen Gesezzen.*

### §. 224.

Diese geben über die obiective Grösse der
Verbrechen keine hinlängliche Auskunft.    Nach
dem neuerlich angenommenen Gerichtsgebrauche

werden dieienigen Verbrechen für die grösten
gehalten, welche die öffentliche Ruhe und
Sicherheit gewaltsam und unmittelbar stören.

Da diese Untersuchung vorzüglich für den Gesezgeber
wichtig ist, und die der richterlichen Bestimmung über-
lassenen willkührlichen und alternativen Strafen allein bei
geringfügigen Verbrechen vorkommen, so gereicht dieser
Mangel unserer Gesezgebung auch nicht zum Vorwurfe.

### §. 225.

In den Fällen aber, wo das Verfahren bei
einer peinlichen Untersuchung nach der Grösse
der Verbrechen verschieden ist, und der Richter
wenigstens in der Rüksicht dieselbe zu beurtheilen hat, verweisen uns die Gesezze auf die Art
und Grösse der bevorstehenden Strafe.

Siehe *Apel* in der Disput. de discrimine inter delicta
atrocia et levia rite statuendo, Lips. 1791. Sect. 1. §. 1.

Das Ausschreiben von dem 12. Nov. 1550. unter dem
Titel: Was zu Ober- Nieder- oder Erbgerichten gehöret,
in C. A. T. 1. p. 31. und 32. und die Landesordn. von dem
Jahr 1555. in C. A. T. 1. p. 48. und das Generale vom Verfahren in Untersuchungssachen, vom 30. April 1783.
§. 1. und 13.

### §. 226.

Ob nun gleich die positiven Gesezze überhaupt die obiective Grösse der Verbrechen nicht
festsezzen, so lassen sich doch die meisten der
darüber angegebenen Regeln aus den einzelnen
Strafbestimmungen, welche nach derselben ab-

gemessen sind, ableiten. Dazu gehören besonders alle diejenigen, bei welchen die leichtere oder schwerere Abwendung einer Verlezzung §. 209 — 212. die Grösse des aus einem Verbrechen entstehenden Schadens oder der damit verbundenen Gefahr §. 199. — 208. und die Wichtigkeit und Mehrheit der dadurch verlezten Rechte §. 215. in Anwendung kommt.

> Der Saz wird sich in dem 2ten Theile dieses Buchs bestätigen. Hier Beispiele davon anzuführen, würde zu weitläuftig seyn. Ueber einige ist iedoch Quistorp in den Grunds. des deutschen peinl. Rechts §. 68. nachzusehen.

### §. 227.

Nur dann vermissen wir in den positiven Gesezzen die Anwendung der Regeln über die obiective Grösse der Verbrechen, wenn einer der sonst angenommenen irrigen Maasstäbe der Verbrechen eine Beziehung hat. Z. B. die Strafbestimmungen der Gotteslästerung, der Kezzerei, der Blutschande und des Ehebruchs.

> Siehe die Anmerk. zu dem 203. §.

## Dritter Abschnitt.

*Von der subiectiven Grösse der Verbrechen.*

### §. 228.

Diese Untersuchung ist mit der vorhergehenden unmittelbar zu verbinden. Beide sind nicht nur für uns gleich wichtig, §. 197. sondern es gründet sich auch diese zum Theil auf iene. §. 310. Wir betrachten in diesem Abschnitte die Verbrechen als Handlungen eines bestimmten Menschen, und beurtheilen ihre verschiedene Grösse nach der dabei zu erkennen gegebenen Gesinnung desselben. Je nachdem nun diese mehr oder weniger für den Staat fürchten lässt, desto grösser ist ein Verbrechen subiectiv betrachtet.

### §. 229.

Es ist zwar gegründet, dass wir nie die Gesinnung des andern, und also eben so wenig die eines Verbrechers vollkommen beurtheilen können, dessen ungeachtet aber gehet man offenbar zu weit, wenn man in der peinlichen Rechtswissenschaft allein auf Illegalität der menschlichen Handlungen Rüksicht nehmen will. Wir können doch wenigstens mit hoher Wahrscheinlichkeit von den Aeusserungen bei dem Unternehmen und der Ausführung eines Verbrechens so weit auf die Gesinnung des Thäters schliessen, als nöthig ist, um zu entscheiden, ob sie mehr oder weniger für den Staat gefährlich sey. So wie nun nach den Lehrsäzzen von dem natürlichen Schuzrechte, und insbesondere von der Prävention eine erregte wahrscheinliche Furcht, verlezt zu werden, zur gewaltsamen Vertheidigung uns berechtiget, so muss es auch in der bürgerlichen Gesellschaft dem Richter erlaubt seyn, nach der, wenigstens wahrscheinlich erkannten, Gesinnung eines Verbrechers besondere Maasregeln der Sicherheit mit ihm zu nehmen. Fände dieses nicht statt, so könnte man bei Bestrafung der Verbrechen auch zwischen Vorsaz, Schuld und Zufall weiter keinen Unterschied machen.

Dieser Saz scheint geleugnet zu werden in der Staatswissenschaftlichen juristischen Literatur von dem Monate Mai 1794. S. 155. Die Meinung des *Beccaria* hierüber hat umständlich widerlegt *J. B. Müller* in der Abhandl. über den Maasstab der Verbrechen und Strafen, Jena 1789.

§. 230.

Auf der andern Seite haben aber die Criminalisten sich wieder zu viel angemaast, und die Grenzen zwischen der *innern eigentlichen* und *äussern bürgerlichen uneigentlichen Immoralität* überschritten. Man vermischt ohnstreitig das Gericht der reinen Vernunft, das göttliche Gericht und das Gericht des Gewissens mit dem äussern Gerichte, und wird dadurch sehr inconsequent. Daher schreiben sich die verschiede-

II.                    C

nen, gröstentheils aber unrichtigen Urtheile über
Schuld und Strafwürdigkeit, und Schärfung und
Milderung der Strafen.

Man vergl. *Schmid* in dem Versuche einer Moralphilosophie, Jena 1792. §. 377.

### §. 231.

Jemehr und ie allgemeiner die Criminalisten
bei der Bestimmung der Immoralität der Verbrechen mir scheinen geirrt zu haben, und ie wichtiger dieselbe ist, mit desto grösserer Schüchtern-
heit habe ich mich der Bearbeitung dieser Lehre
genähert. Es sey mir daher erlaubt, mich bei
derselben etwas weitläuftiger zu erklären, als
nach gegenwärtigem Plane des Systems sonst geschiehet, damit man mich nicht missverstehe.
Ich halte es in dieser Rüksicht auch für nötig,
die vorzüglichsten Eigenschaften der innern
eigentlichen Immoralität der menschlichen Handlungen vorher kürzlich zu bemerken, ehe wir von
der äussern hieher gehörigen Immoralität selbst
handeln.

### Erste Abtheilung.

*Von der innern eigentlichen Immoralität.*

### §. 232.

Kommt eine Handlung mit dem Sittengesez
nicht überein, so hat man zu unterscheiden, ob

sie durch dasselbe bestimmt werden konnte, und
daher von einem Mangel an Wirksamkeit des
sittlichen Princips, und mithin auch an Achtung
gegen das Gesez herrührte, oder nicht. In diesem Falle ist sie eine blos illegale, in ienem aber
zugleich eine unmoralische Handlung. Die
innere eigentliche Immoralität ist also der Widerspruch einer Handlung mit der vorhandenen
sittlichen Gesinnung, oder der Mangel an Achtung gegen das Sittengesez.

Vergl. Kants Crit. d. Pr. V. S. 144. und *Reinholds* Abhandl., Beitrag zur genauern Bestimmung der Grundbegriffe der Moral und des Naturrechts in dem deutschen
Merkur 1792. St. 6.

### §. 233.

Der Maasstab ihrer verschiedenen Grösse
bestehet in dem Verhältnisse der dabei mangeln-
den Vernunftthätigkeit zu der möglichen. Es
wird also dieselbe nach den Graden der moralischen nothwendigen und natürlich möglichen
Thätigkeit der Vernunft, und der dennoch wirklich bewiesenen Unthätigkeit ebenderselben abgemessen. Die daraus entspringenden bösen oder
guten Folgen haben auf diese gar keinen Einfluss.
Es kann eine an sich gesezmässige Handlung im-
moralisch seyn, wenn ihre Triebfedern gesezwidrig sind, und sie also nur zufällig mit dem
Gesezze übereinstimmt, da in dem Falle wenigstens ein vermeintliches Gesez verlezt wird.

Siehe *Kant* in der Metaphysik der Sitten. S. 13. 14. und
*Schmid* a. a. O. bes. §. 340. — 380.

## §. 234.

Die Grade dieser moralischen Unthätigkeit
lassen sich nun aber nicht anders richtig bestimmen, als wenn man alle Schwierigkeiten und
Hindernisse, welche der Vernunft zuwider waren, und die Umstände, welche im Gegentheil
ihr den Sieg erleichtern konnten, gegen einander
abwiegt, und alsdann die moralische Stärke der
Vernunft mit der bestimmten Grösse der Schwierigkeiten vergleicht, die sie zu besiegen hatte,
indem sie durch etwas anders nicht unterstüzt,
und jene hinweggeräumet werden konnten.
Allein kein Mensch ist im Stande, diese Schäz-
zung in irgend einem Individuum mit Gewissheit
vorzunehmen, da es theils überhaupt unmöglich
ist, die moralische Kraft, und mithin die Grösse
der Moralität oder Immoralität an sich, unange-
gesehen der sinnlichen Hindernisse, kennen zu
lernen und zu beurtheilen, theils bei einzelnen
Handlungen, wegen der allgemeinen Verstel-
lung, der Ungewissheit in der Angabe der Triebfedern, die oft sogar ohne Bewustseyn des Handelnden wirken, und der andern zufällig eintretenden Collissionen nie mit Gewissheit und Voll-
ständigkeit geschehen kann.

## §. 235.

Gesezt aber auch der peinliche Richter wäre
im Stande, die innere eigentliche Moralität voll-

kommen zu beurtheilen, so hätte er doch kein
Recht dazu. Die peinlichen Gesezze zwekken
allein auf Sicherheit unserer Zwangsrechte ab.
Derjenige also, welcher nach denselben spre-
chen, oder sie anwenden soll, hat blos auf solche Eigenschaften der Bürger zu sehen, welche
diese Sicherheit betreffen. In dem peinlichen
Gerichte kann daher auch die Gesinnung eines
Verbrechers nur in Rüksicht ihrer erkennbaren
Gefährlichkeit für die Sicherheit beurtheilt werden. Ob und in wiefern ausserdem die Handlung
eines Verbrechers moralisch gut oder böse sey,
das liegt ganz ausser der Sphäre des peinlichen
Richters, da auch ein ganz unmoralischer Mensch
ein guter und tugendhafter Bürger seyn kann,
in soferne er seine Maximen und Handlungen
nicht auf das Vernunftgesez beziehet, sondern
allein durch positive Gründe, durch sinnliche
Furcht oder Hoffnung zur Erfüllung der bürgerlichen Gesezze und Pflichten bestimmt wird.

Man hat nämlich, natürliche oder philosophische, bürgerliche und christliche Tugend wohl von einander zu unterscheiden. Siehe *Schmid* a. a. O. §. 358.

## Zweite Abtheilung.

*Von der äussern bürgerlichen uneigentlichen Immo-
ralität der Verbrechen.*

---

## Erste Unterabtheilung.

*Von der subiectiven Grösse der Verbrechen nach
allgemeinen Grundsäzzen.*

---

### §. 236.

Das Subiect eines Verbrechens ist ein
Mensch, der sich selbst zur Aeusserung eines
dem allgemeinen Zwek widersprechenden Willens bestimmte, um die Forderung der Sinnlichkeit seiner Privatzwekke (des eigennüzzigen
Triebes) zu befriedigen. Nemo mentitur, nemo
frustra peccat! Jeder wird durch ein besonderes
Interesse zu geszwidrigen Handlungen verleitet.
Da der Zwek des Staats mit dem Vernunftge-
sezze übereinkommt, so würde man den Begriff
eines vernünftigen Wesens aufheben, und etwas
ganz Widersprechendes annehmen, wenn man
behauptete, ein Verbrechen werde allein in der
Absicht begangen, um die bürgerlichen Gesezze,
oder den allgemeinen Zwek zu verlezzen, ohne
eine andere Hauptabsicht dabei zu haben. Es
erfordert ferner der subiective Begriff eines Verbrechens nicht schlechterdings, dass der Urheber

desselben ein Bürger des Staats sey, wo er es unternahm, da es auch Verbrechen nach natürlichen Gesezzen giebt. §. 66. u. ff.

Vergl. *Schmid* a. a. O. S. 485. und in dem Grundrisse der Moralphilosophie §. 91. und *Stelzer* in s. Grundsäzzen des peinlichen Rechts, Erfurt 1790. Th. 1. Kap. 2. §. 10. — 20. und Kap. 5. §. 4. Einer andern Meinung über die vorsäzlichen Verbrechen ist *Kleinschrod* zugethan, in der systematischen Entwikkelung der Grundbegriffe und Grundwahrheiten des peinlichen Rechts, Th. 1. §. 23. und 24.

## §. 237.

. Das Verhältniss der Gesinnung des, zu einem Verbrechen verleiteten, Menschen zu dem übertretenen peinlichen Gesezze begründet die äussere bürgerliche Immoralität der Verbrechen. Diese bestehet daher auch in dem Widerspruche der bei einem Verbrechen von dem Urheber desselben verrathenen Gesinnung mit dem wissentlich übertretenen peinlichen Gesezze.

Aeussere, bürgerliche Immoralität überhaupt, ohne Rüksicht auf Verbrechen, ist der Widerspruch der verrathenen Gesinnung eines Menschen mit dem Staatszwekke.

## §. 238.

Der Widerspruch ist grösser oder kleiner, und die Immoralität wird entweder vermehrt oder verringert, ie nachdem er der Sicherheit der in den peinlichen Gesezzen zu schüzzenden Rechte mehr oder weniger gefährlich wird. Da

wir nun das Wesentliche eines Verbrechens in
der Aeusserung des Willens, ein Recht zu stören,
sezzen, so ist auch die berührte Gefährlichkeit
der Gesinnung eines Verbrechers allein in der
Wahrscheinlichkeit oder Gewissheit der Erfüllung seiner Drohung zunächst zu suchen. *Der
Maasstab der äussern bürgerlichen Immoralität
der Verbrechen ist also das Verhältniss des geäusserten gesezwidrigen Willens zur Erfüllung
desselben in Beziehung auf die Gesinnung des
Verbrechers.*

### §. 239.

Die Erfüllung des geäusserten gesezwidrigen Willens wird in eben dem Grade wahrscheinlich, in welchem die Gesinnung eines Menschen
Mangel an Achtung gegen die bürgerlichen Gesezze, und hier insbesondere gegen die peinlichen Gesezze verräth. Denn von der Grösse des
innern Werths, den wir einer Sache beilegen,
hängt die Grösse unserer Aufmerksamkeit auf
sie ab, so wie auch die Entscheidung, ob wir
sie im Widerspruche mit unsern Neigungen diesen vorziehen oder nachsezzen würden.

Einige ähnliche Ideen von der Immoralität der Verbrechen haben geäussert: *C. F. Hommel* in der Schrift: Alexander von Joch, über Belohnungen und Strafen nach türkischen Gesezzen, 2. Ausg. Baireuth und Leipzig 1772.
*Mendelssohn* über das physische und sittliche Gute in der
Berliner Monatschrift vom Monate Oktober 1784. *J. L.*

*Eckardt,* Principia iuris naturalis de actionum moralitate ad ius criminale adplicata, Jenae 1788. und *J. B. Müller,* über den Maasstab der Verbrechen und Strafen, Jena 1789.

### §. 240.

Dieser Mangel an Achtung gegen die bürgerlichen Gesezze ist erkennbar aus:

A) *der Art, wie sich Jemand zu Befriedigung der Forderung der Sinnlichkeit (des eigennüzzigen Triebes) und zur Aeusserung eines geszwidrigen Willens bestimmt;* §. 236.

B) *der Verschiedenheit der dabei beabsichtigten sinnlichen Privatzwekke, oder Triebfedern;* §. 236. und

C) *der Art und dem Grade der Erfüllung des Entschlusses, oder der Ausfülrung des Verbrechens.*

A) *Von der Immoralität der Verbrechen, in wieferne sie aus der Bestimmungsart erhellet.*

### §. 241.

Was die Bestimmung des Willens zu einem Verbrechen betrift, so ist die Immoralität wieder aus einem dreifachen Gesichtspunkte zu beurtheilen. Sie ist grösser oder kleiner:

a) *ie nachdem ein Gesez mit mehr oder weniger Freiheit übertreten wurde;*

b) *ie nachdem die verlezte Verbindlichkeit grösser oder kleiner war;* und

c) *ie nachdem das Gesez leicht oder schwer
erfüllt, und das Verbrechen vermieden werden konnte.*

a) Von der Immoralität der Verbrechen
nach der Grösse der dabei gebrauchten
Freiheit.

§. 242.

Die Selbstbestimmung eines Menschen zur
Befriedigung der Forderung eines sinnlichen Pri-
vatzwekkes und Nichtbefriedigung der Forderung des Staatszwekkes, welche wir bei dem
Subiecte eines Verbrechens voraussezzen, §. 236.
lässt sich, in soferne wir sie als *gesezwidrig*, und
als einen Grund der äussern Immoralität betrachten, ohne das Bewustseyn der Handlung in ihrem
ganzen gesezwidrigen Umfange nicht denken.
Denn daraus entstehet dann wieder die Vorstellung
von den einander entgegengesezten veranlassenden Gründen, als den zwei möglichen Handlungsweisen und eine Ueberlegung dieser Gründe. Da
nun diese Vorstellung und die darauf folgende
Ueberlegung dieienigen Ereignisse sind, welche
der Handlung des freien Willens vorhergehen
müssen, und in der dann zu bewirkenden Selbstbestimmung die freie Willenshandlung selbst besteht; so schliesst die Subiectivität und Immoralität eines Verbrechens Willkühr und moralische
Freiheit des Willens schlechterdings zugleich mit
in sich.

Wir sezzen also hier die Möglichkeit der Freiheit so
wie überhaupt für unsittliche, also auch für die den bürgerlichen Gesezzen zuwiderlaufenden Handlungen voraus,
und nehmen die Meinung hierüber, welche *Schmid* in s.
Versuche der Moralphilosophie vertheidigt, nicht an.
Auffallend, ungegründet sind davon die Grundsäzze in der
Schrift: Alexander von Joch, über Belohnungen und Strafen nach türkischen Gesezzen, von *C. F. Hommel*. Man
vergl. *Reinhold* in den Briefen über die Kantische Philosophie, 2. Band, 8. Br. S. 262.

### §. 243.

Die moralische Freiheit bei unerlaubten
Handlungen ist das Vermögen, sich zur wirklichen Befriedigung oder Nichtbefriedigung der
Forderung des eigennüzzigen Triebes selbst zu
bestimmen.   In soferne nun der eigennüzzige
Trieb der in den peinlichen Gesezzen beabsichtigten Sicherheit widerspricht, ist dieser Begriff
der Freiheit bei der Handlung eines Verbrechens
ganz anwendbar.

Wir haben hier die Begriffe von unwillkührlichen,
willkührlichen und freien Handlungen, so wie auch von
der moralischen, bürgerlichen und politischen Freiheit
genau zu unterscheiden. Es ist aber hier blos von der
*Freiheit bei Verbrechen* die Rede; denn sonst würde es eine
nur einseitige Betrachtung der Freiheit seyn, indem sie
weder allein in einer Unabhängigkeit von der Nöthigung
des eigennüzigen, noch des uneigennüzzigen Triebes gesezt werden kann, sondern vielmehr in dem Vermögen
einer Person bestehet, sich selbst zur Befriedigung oder
Nichtbefriedigung eines Begehrens entweder nach dem
Sittengesezze oder gegen dasselbe zu bestimmen. Daher

sowohl der *reine* Wille, der sich zur Befriedigung oder
Nichtbefriedigung eines Begehrens nach dem Gesetze bestimmt, als der *unreine* Wille, der sich gegen dasselbe
bestimmt, die beiden gleichmöglichen Handlungsweisen
des *freien* Willens sind, und die absolute Freiheit dem
Willen in soferne zukommt, in wieferne er in beiden
Eigenschaften handeln kann. M. s. *Reinholds Briefe über*
*die Kant. Ph. B. 2. Br. 8.* Siehe *Feder* in der Untersuchung
über den menschlichen Willen, B. 1. Abschn. 1. Kap. 1,
§. 6. B. 5. Hauptst. 4. §. 66. 67. *Schmid* n. a. O. §. 249.
und 250. und *Leon. Creutzer* in den sceptischen Betrach-
tungen über die Freiheit des Willens, Giessen 1793. nebst
der Widerlegung derselben von *F. C. Forberg*, unter dem
Titel: über die Gründe und Gesezze der freien Handlungen, Jen. 1795.

## §. 244.

So wie nun die moralische Freiheit überhaupt ohne Selbstbestimmung für und gegen das
praktische Vernunftgesez nicht denkbar ist, und
diese wieder die Ankündigung der Forderung des
eigennüzzigen und uneigennüzzigen Triebes in
dem Bewustseyn nöthig macht; so sezt auch die
moralische Freiheit bei den Verbrechen voraus,
dass der Urheber derselben sich derienigen Handlung, worinn ein Verbrechen bestehet, in ihrem
ganzen gesezwidrigen Umfange völlig bewusst
war, alle veranlassende Gründe für und wider die
That hinlänglich überlegt, und nach denselben
sich selbst bestimmt hatte.

## §. 245.

Ehe nun aber gezeigt werden kann, in wieferne durch die Grösse der Freiheit, mit welcher ein Verbrechen begangen wird, die Immoralität desselben zunehme, ist

aa) das zur Freiheit erforderliche *Bewustseyn der Handlung*

bb) die *Ueberlegung derselben*, und

cc) die *Selbstbestimmung dazu* noch genauer zu zergliedern.

aa) Von der Immoralität der Verbrechen in Ansehung des zur Freiheit erforderlichen Bewustseyns der Handlung des Verbrechens.

§. 246.

Dieses Bewustsein macht die *Kenntniss*

aaa) *der Handlung an sich selbst,*

bbb) *des durch sie übertretenen peinlichen Gesezzes* und

ccc) *ihrer Beziehung auf einander* unentbehrlich.

aaa) Von der zur Freiheit nöthigen Kenntniss der Handlung an sich selbst.

§. 247.

Unter der Handlung des Verbrechens, an sich selbst betrachtet, verstehen wir hier die gesezwidrige Veränderung, welche mit der Anwendung einer gewissen Kraft entweder unmittelbar oder mittelbar verbunden ist. Es giebt nämlich unmittelbare und mittelbare Wirkungen unserer Kräfte, da die Veränderungen entweder schon zu der Zeit entstehen, als die Kraft noch in Anwendung ist, oder dann erst eintreten, wenn die Kraft schon aufgehört hat, thätig zu seyn. Von beiden muss der Freihandelnde die gehörige Wissenschaft haben.

Die unmittelbaren Wirkungen sind verschieden, ie nachdem sie entweder an sich selbst, oder nach dem Obiecte betrachtet werden. Jene sind oft bekannt, aber diese nicht. Z. B. Wenn Jemand den Vater todtschlägt, da er diesen für einen fremden Menschen, den er morden wollte, ansahe.

### §. 248.

Die mittelbar eintretenden Veränderungen werden Folgen genannt. Diese können eben so wohl das Verbrechen in sich begreifen, als die unmittelbaren, und sind daher auch ein wichtiger Gegenstand unserer Betrachtung. Sie sind entweder mit der Handlung unzertrennlich verbunden, oder ihr Daseyn hängt von andern zufälligen Dingen ab; sie sind daher in *nothwendige* und *zufällige* einzutheilen. Leztere sezzen wieder entweder die Selbstthätigkeit eines freien, von dem Urheber der Handlung verschiedenen Wesens voraus, oder sie gründen sich auf gewisse Umstände der Zeit und des Orts, die der ganzen Handlung eine veränderte Gestalt und der Kraft, von welcher sie dargestellt wurde, eine neue Art der Wirksamkeit geben.

§. 249.

Ist die zweite mitwirkende Kraft selbstthätig, und einer zwanglosen Aeusserung fähig, so
kommt es endlich noch darauf an, ob der Urheber der Handlung zugleich das freie Wesen in
eine Lage versezte, wo dessen Thätigkeit gewis-
sermaasen beschränkt und so geleitet wurde,
dass es gar nicht, oder wenigstens nicht leicht
anders handeln konnte, oder ob es, ohne in iene
Lage versezt worden zu seyn, zu einer gewissen
Mitwirkung sich bestimmte, die eben so leicht
und wohl gar noch leichter unterlassen werden
konnte. Nur in ienem Falle gehöret die Wirkung als eine Folge, noch in den Wirkungskreis
des Handelnden, da sie in diesem Falle ihren
Grund nicht in diesem, sondern allein in der
freien Bestimmung eines Andern hat.

Man sehe E. C. *Wieland* in dem Geiste der peinlichen
Gesezze, Leipz. 1783. Th. 1. §. 74 — 94.

Die Bemerkung, in wieferne die Mitwirkung eines andern freien Wesens für keine Folge der Handlung zu achten sey, ist wichtig. Sie hat eine besondere Anwendung
bei der Entscheidung der Frage: ob Jemand des Beispiels
wegen gestraft werden könne.

§. 250.

Wenn nun die Folgen nach ihrer verschiedenen Art gesezwidrig sind, und entweder für
sich allein ein Verbrechen ausmachen, oder nur
die Gesezwidrigkeit der unmittelbaren Wirkungen einer Handlung vermehren, und das darinne

enthaltene Verbrechen vergrössern, so wächst
die Freiheit des Verbrechers in eben dem Grade,
als seine Kenntniss davon vollkommen ist.

bbb) Von der zur Freiheit nöthigen
Kenntniss des übertretenen peinlichen
Gesezzes.

### §. 251.

Die vollkommene Wissenschaft von der
That an sich selbst war bei der Freiheit, selbige
zu unternehmen, in wiefern sie als Handlung des
gesezwidrigen Willens betrachtet wurde, nothwendig vorauszusezzen, da sich daraus die entgegengesezten veranlassenden Gründe ergeben,
und durch sie die zwei möglichen Handlungsweisen uns dargestellt werden. Eine andere eben
so wichtige Quelle der Bestimmungsgründe ist
die Kenntniss von dem durch die Handlung übertretenen peinlichen Gesezze.

### §. 252.

Diese Kenntniss ist bei der freien Handlung
eines Verbrechens mehr oder weniger unentbehrlich, ie nachdem die peinlichen Gesezze die vorzüglichsten, und ohne sie vielleicht weniger be-
kannten Beweggründe der Unterlassung enthalten, oder nicht.

### §. 253.

Eine solche Eigenschaft der peinlichen Gesezze trift man bei denienigen positiven an, wel-

che nicht zugleich ein natürliches bestätigen.
Von der Art sind aber allein die uneigentlichen
peinlichen, als eigentliche polizeimässige Gesezze.
Die eigentlichen peinlichen Gesezze sind stets
auch zugleich natürliche und schärfen diese nur,
mit der nöthigen Qualification in Ansehung der
neuen bürgerlichen Verhältnisse, mehr ein. §. 66.
und ff. bes. §. 75. Ihr Inhalt ist also schon durch
die natürlichen peinlichen Gesezze bekannt.
Die polizeimässigen Gesezze beziehen sich aber
auf besondere, öfters unbekannte, Verhältnisse
und Umstände eines Staats und dessen Verfas-
sung, und die aus denselben entlehnten Gründe
einer Pflicht sind noch weniger immer bekannt
und einleuchtend. Bei solchen Polizeivorschrif-
ten hat man wieder einen Unterschied zu machen, ob sie selten, oder gewöhnlich vorkommen, und in ienem Falle also noch weniger vorausgesezt werden können.

### §. 254.

Doch ist es nicht hinreichend, wenn ein
Verbrecher blos von dem Daseyn des peinlichen
Gesezzes Wissenschaft hatte, welches er über-
trat. Da die positiven Beweggründe solcher
Vorschriften in Strafübeln bestehen, so wird
auch in gewisser Rüksicht die genaue Kenntniss
derselben erfordert. Denn eben so wie die Vor-
herbekanntmachung der Gewaltart bei der Prävention nach dem natürlichen Schuzrechte nicht

II.                    D

nothwendig ist, so kann auch in der bürgerlichen Gesellschaft ein Delinquent mit einer Strafe
belegt werden, die er nicht vorher gekannt hatte,
oder die vorher gar nicht bekannt gemacht worden. Nur wenn man die Vollziehung einer
Strafe politisch betrachtet, vermisst man die
Kenntniss derselben bei der Freiheit des Delinquenten, da vielleicht die Wissenschaft von dem
bestimmten Strafübel zur Abschrekkung hinreichend gewesen wäre, und die Vollziehung ebenderselben überflüssig seyn kann.

Vergl. *Wieland* in dem Geiste der peinlichen Gesezze,
Th. 1. §. 214. u. f. und *Kleinschrod* a. a. O. §. 15. 16.
und 49.

ccc) Von der zur Freiheit nöthigen Kenntniss der Beziehung des Gesezzes auf
die Handlung.

§. 255.

. Es kann leicht der Fall eintreten, dass Jemand sowohl die Handlung eines Verbrechens
an sich, als auch das peinliche Gesez, welches
selbige verbietet, als für sich bestehende Dinge
völlig kennt, und von beiden deutliche Vorstellungen hat, dessen ungeachtet aber sie nicht gehörig vergleicht, und untersucht, ob und in
wieferne sie in Verbindung stehen, und mithin
auch iene nicht unter dieses, oder wohl unter
gar kein peinliches Gesez, oder in beiden Fällen

wenigstens nicht 'richtig subsumiret, da er zu
ieder Vergleichung und einem richtigen Urtheile
überhaupt unfähig ist, oder die Subsumtion eine
analogische Folgerung erfordert, die mehr oder
weniger schwer seyn und, auch von einem gebil-
deten Bürger, verfehlt werden kann. §. 79.

### §. 256.

. Man hat bei der freien Handlung eines Verbrechens daher auch noch darauf zu 'sehen, ob
der Delinquent die vollkommene Kenntniss von
dem Verhältnisse des übertretenen peinlichen
Gesezzes zu der Handlung hatte und wusste,
dass, und in wieferne diese in ienem zugleich
mit ausgedrükt und bestimmt sey. Denn mangelt diese Wissenschaft, so werden die vorher
bemerkten Kenntnisse ganz unnüz.

bb) Von der Immoralität der Verbrechen in
    Ansehung der zu einer freien Handlung
    erforderlichen Ueberlegung derselben.

### §. 257.

Die zweite Handlung, welche dem eigentlichen Acte des freien Willens vorhergehen muss,
ist die Ueberlegung der dargestellten entgegengesezten veranlassenden Gründe. §. 242. Oft
wird diese durch äussere Umstände verhindert,
so dass ein unwillkührliches Begehren in eine
äussere Handlung übergehet, ohne über die Ge-

sezwidrigkeit desselben reflectirt zu haben.
In diesem Falle aber handelt kein illegaler
Wille.

### §. 258.

Daher erfordert die freie Handlung eines
Verbrechens, dass der Delinquent mit der vollkommenen Kenntniss der Handlung an sich, des
verlezten peinlichen Gesezzes, und ihrer Beziehung zu einander noch die Untersuchung des
Verhältnisses verbinde, in welchem seine bürgerliche Bestimmung mit dem bei dem Verbrechen
beabsichtigten Zwekke, und dieser wieder mit
den natürlichen und positiven Folgen der Handlung stehe.

Vergl. Kleinschrod a. a. O. S. 79.

### §. 259.

Ausserdem sezt auch die Natur eines peinlichen Gesezzes diese Untersuchung schon voraus,
so, dass die Anwendung desselben ohne sie nicht
völlig statt findet. Denn die Strafgesezze sollen
überhaupt die Anwendung eines gesezwidrigen
Willens dadurch bewirken, dass die nach selbi-
gen zu erfolgenden sinnlichen Uebel, die von der
Ausführung jenes Willens zu hoffenden sinnlichen Vortheile überwiegen, §. 14. und 15. Und
diese Absicht kann ohne eine solche Ueberlegung
nicht erreicht werden.

§. 260.

Jemehr also derienige, welcher zu einem
Verbrechen geneigt ist, vor der Unternehmung
desselben, die vorliegenden Gründe, sowohl für
die That, in Ansehung der Befriedigung der Sinnlichkeit, als auch wider selbige, in Ansehung der
natürlichen zwekwidrigen Folgen und der ge-
droheten positiven Strafübel, vergleichet und
abwieget, desto vollkommener ist dann die Freiheit der Willenshandlung als gesezwidriger
Handlung.

cc) Von der Immoralität der Verbrechen in
Ansehung der Selbstbestimmung dazu,
und *von dem Vorsazze im Allgemeinen.*

§. 261.

Nach diesen Ereignissen, welche das Wollen voraussezt, kommt es noch besonders auf die
Willkühr, oder das Vermögen an, sich für eine
der beiden dargestellten Handlungsweisen selbst
zu bestimmen. Die Anwendung dieser Fähigkeit ist der eigentliche Act des freien Willens.

§. 262.

Die Bestimmung zu einem Verbrechen begreift also ohne Ausnahme das völlige Bewustseyn der Gesezwidrigkeit, und überhaupt vollkommene Freiheit in sich. Ohne diese ist kein
Verbrechen denkbar. Der Delinquent muss die

Absicht gehabt haben, das Verbrechen, für dessen Urheber er angesehen wird, zu begehen, §. 243. Diese Absicht ist auch schon in den peinlichen Fällen *Vorsaz (Dolus)* zu nennen. Man verstehet also darunter *den Begriff der gesezwidrigen Wirkung einer Handlung, in soferne er den Delinquenten zur Hervorbringung derselben bestimmt.*

Wenn ich hier bei der Subiectivität eines Verbrechens die gesezwidrige Absicht voraussezze, so widerspreche ich dadurch der Behauptung in dem 236. §. nicht, da diese Absicht doch immer nur eine Nebenabsicht bleibt. In wieferne die gesezwidrige Absicht oder der Vorsaz zu einem Verbrechen schlechterdings erforderlich sey, ist theils schon aus dem Begriffe desselben zu erklären, theils aber auch in dem folgenden Abschnitte von der Zurechnung noch mehr ausgeführet.

### §. 263.

In dieser Wissenschaft haben wir aber nicht nur auf die innere, sondern auch auf die äussere Freiheit zu sehen. In Ansehung beider lassen sich einige Unterschiede der Selbstbestimmung zu einem Verbrechen ausfindig machen.

### §. 264.

Die innere freie Willenshandlung verräth eine grössere und kleinere Selbstthätigkeit der Bestimmung, da sie entweder ursprünglich von selbst erfolgt, oder durch etwas Anderes abgenöthiget wird. Das Etwas bestehet wieder, ent-

weder in der Ueberredung eines andern Menschen, oder in einem besondern einladenden Zu-
stande. In der Rüksicht theilen wir den Vorsaz ein:

a) in den

*ursprünglich wirkenden*, welcher ohne die
Anleitung des Willens eines Andern gefasst
wird, und

*theilnehmenden*, welcher nur durch den
Willen desienigen erwekt wird, dessen
Ausführung er begünstiget.

> Darinne liegt der Unterschied zwischen dem
> Urheber und den Theilnehmern eines Verbrechens,
> und ihrer Immoralität.

b) in den

*vorhergehenden*, (Dolus antecedens s. ex pro-
posito) oder der Entschluss zu der Handlung
eines Verbrechens, die ursprünglich aus keiner andern Absicht entstand, und

*nachfolgenden*, (Dolus consequens s. ex
re) oder der Entschluss einer aus irgend
einer andern Absicht angefangenen Handlung einen gesezwidrigen Ausschlag zu
geben.

> Z. B. Wenn Jemand unvermuthet in den Zu-
> stand sich versezt siehet, durch blosse Anmassung
> desienigen, was er schon detinirt, von dem Ver-
> mögen eines Andern sich zu bereichern.

### §. 265.

Was die äussere freie Willenshandlung betrift, so muss die gesezwidrige Aeusserung ihren
Grund in der Selbstbestimmung des Handelnden
haben. Das Verbrechen ist nichts weniger als
eine freie Handlung, wenn es von dem Acte des
freien Willens eines Delinquentens nicht herrührt, sondern vielmehr eine ganz unwillkühr-
liche, und entweder eine physisch nothwendige,
oder erzwungene Handlung.

> Eigentliche Willkühr im strengsten Sinne des Worts ist
> stets mit der Willenshandlung verbunden. Der Ausdruk
> wird aber auch uneigentlich von der animalischen Sponta-
> neität (arbitrium brutum) gebraucht.

### §. 266.

Ist aber eine gesezwidrige Aeusserung die
Wirkung der selbstthätigen Bestimmung des Verbrechers, so kann iene mehr oder weniger von
dieser unabhängig gewesen seyn. Es giebt Fälle,
wo die Unternehmung der gesezwidrigen Handlung einzig und allein von physischer Nothwendigkeit oder äusserer Gewalt herrührt, durch
den Anfang der That aber die Selbstbestimmung
noch nachher veranlasst wird, und die Ausführung des Verbrechens mit derselben verbunden
ist. Z. B. in Ansehung der Nothzucht.

### §. 267.

Auch kann man sich den entgegengesezten
Fall denken, so dass die Handlung mit selbst-

thätiger Bestimmung angefangen wurde, diese
aber sich nachher ändert, und die Ausführung
wider Willen des Handelnden bloss durch physische Nothwendigkeit, oder äussere Gewalt
erfolgt.

### §. 268.

Auf diese Verschiedenheit der äussern freien
Willenshandlung gründet sich wieder die Eintheilung des Vorsazzes in:

> denienigen, welcher die Handlung des Ver-
> brechens vom Anfange bis zum Ende beglei-
> tet, und

> denienigen, welcher nicht stets mit der Hand-
> lung verbunden ist.

Dieser ist wieder:

> entweder *der anfangende*
> oder *der ausführende,*

Betrachtet man den Vorsaz in Ansehung des dazu erforderlichen Bewusstseyns der Gesezwidrigkeit, so finden
keine Eintheilungen desselben statt, da ienes ohne Ausnahme vollkommen seyn muss, wie in dem folgenden
Abschnitte noch mehr gezeigt werden wird.

### §. 269.

Vorzüglich aber ist die Selbstbestimmung
zu einem Verbrechen nach der damit verbundenen Ueberzeugung des Handelnden verschieden,
dass sein Unternehmen die Uebertretung eines
peinlichen Gesezzes *gewiss* oder *ungewiss* bewir-

ken werde. Der gesezwidrige Erfolg der Anwendung einer Kraft kann *gewiss*, oder bloss
*wahrscheinlich*, oder auch nur *möglich* seyn.

aaa) Von der Selbstbestimmung, welche
mit der Ueberzeugung der Gewissheit
der, in einem peinlichen Gesezze ausdrüklich verbotenen, Handlung verbunden ist, und *von dem Vorsazze
insbesondere.*

§. 270.

Die Ueberzeugung, dass diejenige Handlung, welche ein peinliches Gesez ausdrüklich
verbietet, durch die Anwendung unserer Kräfte
*gewiss* hervorgebracht werde, ist vorhanden,
wenn die Wirkung als eine nothwendige anerkannt werden muss, und dafür gilt sie, sobald
sie einen zureichenden Grund hat. §. 247. Ist
nun der Handelnde dieses Grundes sich bewusst,
so muss er auch die Gewissheit der Verlezzung
voraussezzen.

§. 271.

Diese Voraussezzung kann aber ohne den
Willen, unmittelbar die in dem Gesezze verbotene Handlung selbst hervorzubringen, schlechterdings nicht gedacht werden. Es würde wi-
dersinnig seyn, sich zur Thätigkeit einer Kraft
mit der Ueberzeugung zu bestimmen, dass dar-

aus eine gewisse Veränderung nothwendig entstehen müsse,, und ebendieselbe nicht wünschen.
Ist daher ein Verbrecher dieser Ueberzeugung
überführt, oder eingeständig, so ist auch die
Absicht dieser Handlung erwiesen.

## §. 272.

Sollte aber die in einem peinlichen Gesezze
ausdrüklich verbotene Handlung blos zufällig
mit der Anwendung unserer Kräfte in Verbindung stehen, so kann auch eben sowohl der
Wille auf einen andern Erfolg gerichtet seyn.
In dem Falle ist jene Absicht der verbotenen
Handlung noch besonders darzuthun.

Vergl. *Koch* in den Institut. iur. crim. §. 56. *Feder* in
s. Untersuchungen über den menschlichen Willen, Th. 3.
B. 5. Hauptst. 4. §. 67. n. 6. *Müller* in der Abhandlung
über den Maasstab der Verbrechen und Strafen, Jena 1789.
S. 8. und *Kleinschrod* a. a, O. §. 64. und 65.

## §. 273.

Die hier beschriebene Absicht, so wie sie
entweder vorausgesezt, oder erst erwiesen werden muss, ist die *erste Gattung des Vorsazzes,*
in soferne er der Schuld entgegen gesezt wird.
In dieser engern Bedeutung verstehet man also
darunter: *den Begriff der in einem peinlichen
Gesezze ausdrüklich verbotenen Handlung selbst,
in wieferne er den Delinquenten zur Hervorbringung derselben bestimmt,* oder mit andern Wor-

ten: *den freien Entschluss* (Selbstbestimmung)
*zu der Handlung selbst, welche in einem pein-*
*lichen Gesezze ausdrüklich verboten ist.* Es wird
dadurch das Gesez unmittelbar übertreten, und
so auch ein Mangel an Achtung gegen dasselbe
unmittelbar verrathen. Mittelbar übertritt man
ein Gesez, wenn irgend eine andere Handlung
unternommen wird, welche jenes nur in Gefahr
bringt, verlezt zu werden.

> Die mittelbare Verlezzung wird in der Lehre von
> der Schuld erklärt. Der Vorsaz im engen Sinne verhält
> sich zu dem Vorsazze im weiten Sinne, wie Genus und
> Species.

### §. 274.

In dieser Bedeutung lassen sich bei dem
Vorsazze keine besondern Grade ausfindig machen. Die Selbstbestimmung mag mit der
Ueberzeugung der gewissen oder wahrscheinlichen Verlezzung eines Geseczes verbunden gewesen seyn, so ist doch die Absicht einerley,
und die Gesezwidrigkeit der Gesinnung des Handelnden stets unverändert.

> Von der gewöhnlichen, aber irrigen Eintheilung in den
> directen und indirecten Vorsaz handeln wir bei der Lehre
> von der Schuld. §. 290.

bbb) Von der Selbstbestimmung, welche
mit der Ueberzeugung der Wahrscheinlichkeit der, in einem peinlichen

Gesezze ausdrüklich verbotenen Handlung verbunden ist, und *von der*
*Schuld.*

### §. 275.

Ist die in einem peinlichen Gesezze verbotene Handlung mit der Anwendung einer Kraft
nicht nothwendig verbunden, so kann ihre Zufälligkeit entweder blos möglich, oder auch
wahrscheinlich seyn. §. 248. Die Wahrscheinlichkeit des gesezwidrigen Erfolgs gründet sich,
sowohl auf gewisse Verhältnisse der handelnden
Person, als auch auf die Natur der Sache, als
Obiect. Die Lage einer Person enthält einen
wahrscheinlichen Grund der gesezwidrigen Handlung, wenn sie ausser Stand ist, mit völligem
Bewustseyn der Handlung an sich, der peinlichen Gesezze, und ihrer Beziehung zu einander
sich zu äussern. Denn dann ist eine gesezliche
Bestimmung nicht denkbar. Die praktische Vernunft kann nicht wirken und die sinnlichen
Triebe widersprechen, ohne eine vernunftmässi-
ge Leitung, den Gesezzen. Die Beschaffenheit
der Sache, als Gegenstand des Handelnden, vermehrt die Wahrscheinlichkeit, wenn an ihr,
oder durch sie, der gesezwidrige Erfolg leicht
hervorgebracht werden kann. Oft ereignet es
sich sogar, dass dieser Erfolg, sobald eine Sache
in Wirksamkeit gesezt worden ist, nicht mehr
von dem Willen des Handelnden abhängt, und

nicht nur die Freiheit, sondern auch alle Willkühr desselben ausschliesst.

## §. 276.

Ist nun eine Handlung so beschaffen, dass
sie uns in die Lage versezt, wo die Unterlassung
der, in den peinlichen Gesezzen verbotenen Handlung nicht mehr von dem freien Willen, oder
wohl gar nicht mehr von der Willkühr abhängt,
und mithin den Erfolg derselben wahrscheinlich
macht, so werden dadurch die in den Gesezzen
zu sichernden Zwangsrechte in Gefahr gebracht,
und jene mittelbar übertreten.

## §. 277.

Denn es sind nicht nur die in den Gesezzen
ausdrüklich verbotenen, sondern auch alle andere Handlungen unerlaubt, aus denen wahrscheinlich jene entstehen, und wenigstens die
Gefahr einer Verlezzung erwächst. Das Verbot
der gefährlichen Handlungen ist theils stillschweigend, theils ausdrüklich vorhanden. Ausdrüklich befindet sich dasselbe in den natürlich
peinlichen Gesezzen, da wir auch ein Zwangsrecht auf Ruhe vor besorglichen Beleidigungen
haben, und auch manchmal in den positiven
Vorschriften. Ausserdem aber ist in einem jeden
positiven peinlichen Gesezze das Verbot stillschweigend enthalten, und ganz analogisch
zu beurtheilen.

### §. 278.

Die Gesezwidrigkeit einer Aeusserung kann also auch von der blossen Gefahr der Entstehung einer verbotenen Handlung herrühren. Ist nun die Selbstbestimmung mit der Ueberzeugung verbunden, dass dadurch eine Handlung, welche ein peinliches Gesez ausdrüklich verbietet, *wahrscheinlich* entstehen werde, so kann die Absicht des Handelnden wieder nicht anders, als gesezwidrig seyn. §. 271.

### §. 279.

Diese Absicht ist aber bei dem Bewustseyn der zufälligen Folgen einer Handlung von doppelter Art. Der Handelnde beabsichtiget entweder zugleich, dass die verbotene Handlung wirklich entstehe, die an sich blos wahrscheinlich ist, oder ohne dieses zu wünschen, nur die gefährliche That, d. h. allein diejenige, welche jene wahrscheiulich zur Folge hat. Im ersten Falle ist die Art der Selbstbestimmung ein Vorsaz in der engern Bedeutung §. 272 und 273. Ist aber der zweite Fall vorhanden, so entstehet die zweite Gattung des Vorsazzes im Allgemeinen, welche insbesondere *Schuld* (*Culpa*) genannt wird. Man verstehet also darunter *den Begriff der gesezwidrigen Gefährlichkeit einer Handlung, in wieferne er den Delinquenten zur Hervorbringung derselben bestimmt*, oder nach der gewöhnlichen Sprache: *der Entschluss zu einer*

*Handlung mit dem Bewustseyn, dass daraus wahrscheinlich eine andere in einem peinlichen Gesezze ausdrüklich verbotene Handlung entstehen könne, ohne die Absicht, diese zu bewirken.*

Die erste Handlung ist entweder an sich ausserdem erlaubt, oder sie macht für sich noch überdieses ein besonderes Verbrechen aus.

## §. 230.

Dieser Begriff weichet besonders darinne von den Lehrsäzzen auch der neuern Criminalisten ab, dass bei einer verschuldeten Handlung, oder richtiger, bei einer Handlung der Schuld, ebenfalls vollkommenes Bewustseyn der hier vorkommenden Gesezwidrigkeit der Handlung, und also auch ein gesezwidriger Wille vorausgesezt wird, womit sogar *Soden, Stelzer* und *Kleinschrod* nicht übereinstimmen. Es scheint mir aber diese Vorstellung die einzig zulässige und brauchbare zu seyn, indem ausserdem die verschuldeten Verlezzungen gar keine Immoralität haben, §. 237. und mithin in dem Falle auch die Strafen nicht gerechtfertiget werden können, welches beides doch kein Criminalist zugeben wird.

Die meisten Criminalisten bestimmen den Begriff der Schuld gar nicht, und scheinen sich bei dem in den Lehrbüchern des bürgerlichen Rechts gewöhnlichen zu beruhigen, da doch dieser wenigstens sehr dunkel ist, und so-

wohl bei der Immoralität, als Zurechnung der Verbrechen
gar keinen Aufschluss giebt. Nur sehr wenige von den
neuern Rechtsgelehrten hat die Entwikkelung dieses Begriffs bekümmert, unter welchen die Erklärung des *Filangieri* in dem System der Gesezgebung, 4. B. 37. Kap. für
meine Meinung am schmeichelhaftesten ist. Er siehet ein
verschuldetes Verbrechen als eine Wirkung an, die zu erreichen, der Handelnde sich nicht vorgenommen hatte,
deren *mögliches* Eintreffen aber doch wissen konnte, und
scheint mir nach der weitern Ausführung dieses Sazzes nur
darinne zu weit zu gehen, dass er die Möglichkeit eines
gesezwidrigen Erfolgs als einen Grund der Schuld betrachtet.

Man vergleiche *Soden* in dem Geiste der peinlichen Gesezgebung Deutschlands, Frankf. 1792. §. 16. welcher bei
der Schuld voraussezt, dass der Handelnde die nicht beabsichtigten grössern Folgen seines Unternehmens auch nicht
einmal vorhergesehen habe. *Stelzer*, in den Grundsäzzen
des peinlichen Rechts, Erfurt 1790. Th. 1. Kap. 2. und in
seinem Lehrbuche des deutschen Criminalrechts, Halle
1793. drükt sich §. 86. über die Schuld so aus: „Aus der
„Möglichkeit der Vorhersehung entspringt das verschuldete
„Verbrechen. Die Schuld ist die Vernachlässigung des Ge-
„brauchs der gesunden Vernunft bei der Berechnung der
„obiectiven Handlung.‟

*Kleinschrod* a. a. O. §. 14. und §. 26. — 31. welcher
ebenfalls den Grund der Schuld in einen Fehler des Verstandes sezt, übrigens aber in dieser Lehre ohnstreitig die
richtigsten Grundsäze aufstellt und das meiste Licht ver-
breitet. Unter andern bemerkt er S. 45. ebenfalls, dass der
Irrthum bei der Schuld das Bewustseyn der Strafbarkeit
nicht ausschliesse. Nach meinem Dafürhalten ist in allen
diesen Vorstellungen der Schuld mit derselben ein blosser
Zufall vermischt. §. 296. — 301.

II.　　　　　　　　E

### §. 281.

Eben so streitig und unentschieden sind unter den Rechtsgelehrten die Grade und Eintheilungen der Schuld. In dem von mir angenommenen Begriffe liegen sie aber sehr deutlich,
und ergeben sich nach einer genauen Zergliederung desselben von selbst.

Die Gesezwidrigkeit einer mit Schuld unternommenen Handlung bestand in der Gefahr
der in den peinlichen Gesezzen beabsichtigten
Sicherheit. Die Verschiedenheit der Schuld
muss daher nothwendig in der Grösse dieser Gefahr gesucht werden. Da nun diese wieder nach
den Umständen, wodurch sie veranlasst wird,
sich richtet, und abzumessen ist, so beruhen die
Grade der Schuld auf den verschiedenen Gründen
der Gefährlichkeit.

### §. 282.

Nun gründete sich diese Gefährlichkeit auf
die Wahrscheinlichkeit, es werde ein sonst an
sich erlaubtes Unternehmen einen gesezwidrigen
Erfolg haben. Die Wahrscheinlichkeit wurde
aus einem gewissen Unvermögen abgeleitet, eine
verbotene Handlung ganz unabhängig zu vermei-
den. Das Unvermögen bezog sich auf einen
Mangel an den Erfordernissen der Freiheit, gesezwidrig zu handeln. Dieser Mangel betraf
endlich entweder das Bewustseyn der Handlung

an sich, des peinlichen Gesezzes und ihres Verhältnisses zu einander, oder die Willkühr
selbst. §. 275.

## §. 283.

Betrachten wir nun die Hindernisse der Freiheit und Willkühr bei der Handlung eines Verbrechens genau, so finden wir, dass die Ursachen
dieser Hindernisse entweder mittelbar oder unmittelbar der verbotenen Handlung vorhergehen,
und mit andern Worten, dass eine Handlung
mittelbar oder unmittelbar eine andere verbotene
Handlung veranlasst. Es kann z. B. ein Todtschlag aus einer Handlung der Schuld unmittelbar entstehen, wenn Jemand eine Sache vor das
Fenster sezt, mit dem Bewustseyn, es sey wahrscheinlich, dass dieselbe herunter falle, und
Jemanden tödte. Mittelbar wird aber durch
Schuld eine Entleibung veranlasst, wenn Jemand
ein Schiesgewehr mit aufgezogenem Hahne
einem Menschen gegenüber legt, der hier wahrscheinlichen Wirkung desselben aber ganz unbe-
wusst ist, weil er unterlassen hatte, sich von dem
Instrumente eine gehörige Kenntniss zu verschaffen. In dem Falle gehen der verbotenen Handlung zwei andere Handlungen vorher, aus denen
jene erst entstehet. Erstlich das Hinlegen des Ge-
wehrs, und zweitens die Unterlassung, sich eine
Kenntniss von demselben zu erwerben. Geschahe die leztere Handlung mit dem Bewust-

seyn, dass aus dieser Unwissenheit wahrscheinlich die verbotene Handlung hervorgebracht werden könne, so ist dennoch die Entleibung eine
verschuldete Handlung.

Man unterscheide die Handlung der Schuld und die
verschuldete Handlung. Jene ist die an sich gefährliche,
diese aber die verbotene Handlung selbst, welche aus
jener entstand.

### §. 284.

Da nun von den Graden der Entfernung
einer Verlezzung die Grösse ihrer Wahrscheinlichkeit, und der Gefahr, welche mit der Schuld
verbunden ist, abhängt, so theilen wir die
Schuld zuerst ein, in die

*entfernte* (remotam) wenn die bestimmte
Handlungsweise vorher noch eine andere
Handlung hervorbringen muss, ehe die ge-
sezwidrige Folge entstehen kann, und

*nächste* (proximam) wenn ein beschlosse-
nes Unternehmen das gesezwidrige Ereigniss ohne die Dazwischenkunft eines andern,
bewirkt.

### §. 285.

Jene betrift die persönlichen Eigenschaften
der Freiheit in dem Handelnden, und diese die
Wirksamkeit der in Thätigkeit gesezten Kräfte
einer Sache oder eines Thieres. Daher kann
man auch sagen, es sey

*die entfernte* der Entschluss zur Duldung oder Bewirkung eines Mangels an denjenigen Umständen, welche erfordert werden, um sich zur Unterlassung einer verbotenen Handlung zu bestimmen, verbunden mit dem Bewustseyn dieser Gefahr, und

*die nächste* der Entschluss einer Person zu einer Handlung mit dem Bewustseyn, dass diese ein anderes gesezwidriges Ereigniss von selbst, ohne ihr weiteres Zuthun, wahrscheinlich bewirken, und alle Willkühr, dieses zu verhindern, aufheben könne.

Die Handlung der entfernten Schuld ist an sich ausserdem stets eine erlaubte, und in keiner andern Rüksicht ein Gegenstand der peinlichen Gesezze, da sie eine innere Handlung ist. Die Handlung der nächsten Schuld aber kann auch überdieses zugleich in anderer Rüksicht als eine besondere Verlezzung, und ein besonderes Verbrechen in Gesezzen verboten seyn. In dem Fall begreift sie ein doppeltes Verbrechen. Wenn sich z. B. Jemand vornimmt, einen andern halbtod zu schlagen.

### §. 286.

So wie man sich nun bei der entfernten Schuld das Vorhergehen einer zweiten Handlung denken kann, ehe die eigentlich verbotene Handlung bewirkt wird, so können auch zwei, drei und noch mehrere Handlungen vorher erfordert werden. Nach der Mehrheit dieser Zwischenhandlungen ist nun die entfernte Schuld mehr oder weniger entfernt. So lange in der handeln-

den Person das Bewustseyn der Gefahr und Gesezwidrigkeit gezeigt werden kann, gehören
auch die entferntern Grade der Schuld zur Immoralität der Verbrechen. Doch wird der Fall
nicht leicht eintreten. Es sind daher dergleichen Verlezzungen gewöhnlich blos ganz unwill-
kührliche Handlungen.

Ein Beispiel einer solchen entferntern
Schuld ist, wenn sich Jemand zu einer Handlung mit dem Bewustseyn entschliest, dass diese
erst einen Mangel an den Erfordernissen des
Vermögens, sich zur Unterlassung einer andern
verbotenen Handlung zu bestimmen, wahrscheinlich hervorbringen könne. Hier treffen
wir drei verschiedene Handlungen an, die Handlung der Schuld, welche wieder einen Mangel
veranlassen kann, die Veranlassung des Mangels
und das Entstehen der verbotenen Handlung.

### §. 287.

Die Handlung der Schuld ist endlich nach
der Verschiedenheit der Erfordernisse des freien
Willens noch von vierfacher Art. Sie beziehet
sich auf *Unwissenheit*, wenn der Delinquent das
übertretene Gesez nicht kannte, auf *Unbesonnenheit*, wenn er zur Zeit der That, dasselbe sich
nicht deutlich vorgestellt, auf *Unachtsamkeit*,
wenn er von der Handlung an sich nicht die nöthigen Kenntnisse hatte, und auf *Uebereilung*,

wenn er die Handlung nicht richtig unter das Gesez subsumiret hat.

Vergl. Schmid in seinem Versuche einer Moralphilosophie, §. 346.

### §. 288.

Ausser der Entfernung oder Nähe des gesezwidrigen Erfolgs einer Handlung der Schuld
hängt die Grösse der damit verbundenen Gefahr
auch noch von den verschiedenen Graden der
Wirksamkeit eines jeden Grundes der Gefährlichkeit, für sich betrachtet, ab. Jeder derselben
ist an sich mehr oder weniger wirksam, mit
mehr oder weniger Wahrscheinlichkeit verbunden, und also auch die daraus entstehende Gefahr
grösser oder kleiner.

Die Schuld hat daher noch besondere Grade,
und sowohl die entfernte, als die nächste ist
wieder einzutheilen, nach der Grösse der Wahrscheinlichkeit, der sich der Handelnde bei der
nächsten oder entfernten Handlung der Schuld
insbesondere, und bei jedem einzelnen Unternehmen bewust ist.

### §. 289.

Dieser Eintheilungsgrund ist sehr reichhal-
tig, da die Wahrscheinlichkeit des gesezwidrigen
Erfolgs in Ansehung der Wichtigkeit und der
Anzahl ihrer Gründe so unendlich verschieden
ist. Es zeichnen sich aber doch in dem Verhält-

nisse des gesezmässigen zu dem gesezwidrigen Erfolge besonders drei Grade dieser Wahrscheinlichkeit aus, welche eine sehr brauchbare Eintheilung sowohl der entfernten, als auch der nächsten Schuld begründen. Sie ist nämlich in dieser Rüksicht entweder

*die grosse*, (Culpa magna s. lata) wenn die Entstehung der in einem Gesezze verbotenen Handlung *wahrscheinlicher* ist, als ein erlaubter Erfolg, oder

*die mittlere*, (media s. levis) wenn die Entstehung der verbotenen Handlung und ein erlaubter Erfolg *in gleichen Graden wahrscheinlich* sind, oder

*die kleine*, (parva s. levissima) wenn der erlaubte Erfolg *wahrscheinlicher* ist, als die Entstehung der verbotenen Handlung.

Diesen Eintheilungsgrund befolgt blos Filangieri a. a. O., bestimmt aber doch die drei Grade nach einem andern Verhältnisse.

Die Rechtsgelehrten haben übrigens auch die Grade der Schuld, nach verschiedenen andern Gesichtspunkten, festzusezzen sich bemühet, von denen aber wenigstens bei dieser Theorie kein Gebrauch gemacht werden konnte.

„*Soden* a. a. O. §. 16. sagt: Je möglicher dem Verbre„cher mehrere Aufmerksamkeit auf die Beobachtung seiner „Pflichten war, je grösser ist der Grad der Fahrlässigkeit.“ Erstlich sollte es wohl heissen : *je leichter* dem Verbrecher die Beobachtung seiner Pflichten war u. s. w. Hernach scheint mir der Maasstab überhaupt anwendbar bei dem Vorsazze im Allgemeinen, und nicht allein auf die Schuld zu passen.

*Stelzer* drükt sich a. a. O. §. 86. darüber so aus: „Je
„grösser das Vermögen des Handelnden war, den bösen
„Ausgang der Handlung vorher zu sehen; je leichter und
„natürlicher die strafbaren Folgen aus der Handlung selbst
„hervorgiengen, desto grösser ist die Schuld.“ Den ersten
Saz kann ich nicht annehmen, da ich bei jeder Schuld das
Vorhersehen der wahrscheinlichen gesezwidrigen Folgen
voraussezze, in dem zweiten Sazze scheint er aber mit
mir übereinzustimmen.

*Kleinschrod* begründet ebenfalls die Grade der Schuld
auf eine eigene Art, indem er a. a. O. §. 30. bemerkt:
„Je leichter es dem culposen Verbrecher war, sich den
„Irrthum zu benehmen, der die Grundlage der Culpa aus-
„machte, desto strafbarer ist er, wenn er es unterlässt,
„und desto grösser seine Culpa.“ Es bezieht sich aber die
Handlung der Schuld auf keinen Irrthum. Diese muss
mit vollkommenen Bewustseyn unternommen werden und
frei seyn. Nur die verschuldeten Handlungen, oder die
aus jener entstandenen, können von Irrthum herrühren.

*Globig* und *Huster* in ihrer Abhandlung von der Criminalgesezgebung, Zürich 1783. S. 113. nehmen nur zwei
Grade der Schuld an; je nachdem nämlich der Dümmste
die Folge eines Verbrechens vorher sehen konnte, oder
nicht. Diese beiden Grade sind aber ganz unbestimmt,
und verrathen ebenfalls einen nicht anzunehmenden Begriff von der Schuld.

Endlich nimmt auch *Hufeland* in den Lehrsäzzen des
Naturrechts, Jena 1790. §. 601. Anm. 2. einen Maasstab
der Schuld an, mit dem ich mich nicht vereinigen kann.
„Ein Mensch, heisst es in der angeführten Stelle, kann
„mehr oder weniger Ursache an dem Mangel des Vermö-
„gens gewesen seyn, das zu der Erkenntniss oder Erfül-
„lung einer Verbindlichkeit nothwendig war; daher hat
„die Schuld Grade.“ Diese Grade begründen ebenfalls die
Grösse des Vorsazzes im Allgemeinen, oder der Immorali-

tät überhaupt, und sind dem wahren Begriff der Schuld nicht angemessen.

Ueber den Begriff der mittlern Schuld hat *J. C. L. Menken* eine ganz besondere Meinung in der Disput. de delictis culpa media commissis, Halae 1780. vorgetragen, und selbige in die fehlerhafte Entscheidung eines Collisionsfalles gesezt.

### §. 290.

Diese Theorie von der Schuld in peinlichen Fällen giebt uns zugleich Licht über den vermeintlichen indirecten Vorsaz. Was ich unter der Schuld verstehe, das nennen die meisten Criminalisten indirecten Vorsaz. Es ist in der That zu verwundern, wie man noch heut zu Tage diese Begriffe so verwechseln konnte. Die Schwierigkeit liegt vorzüglich in dem dunkeln, und nach meiner Ueberzeugung unrichtigen Begriff von der Schuld. Man hält gewöhnlich den Zufall für Schuld, und weiss alsdenn nicht, wozu man die eigentliche Schuld rechnen solle. Die Criminalisten fühlten wohl, dass in den Fällen, welche ich zur Schuld rechne, ein gewisser Vorsaz vorhanden, und dass dieser doch noch von dem Vorsazze in der engern Bedeutung unterschieden sey, ordneten aber die Begriffe nicht gehörig.

### §. 291.

Der indirecte Vorsaz ist nach der gewöhnlichen Theorie von der Zurechnung der Entschluss zu einer Handlung mit dem Bewustseyn, es könne daraus leicht (wahrscheinlich) ein Ver-ʃ brechen entstehen. Denn, *philosophirte* man, wenn Jemand voraus siehet, dass eine Handlung ein Verbrechen leicht zur Folge haben könne, und sie doch nicht unterlässt, so willige er in die Folge ein, wenn sie sich ergeben sollte, ungeachtet er sie nicht wünsche. Vorzüglich wendet man diese Regel auf den Fall an, wo die Handlung der Schuld noch ausserdem zugleich ein besonderes Verbrechen ist. §. 286. Anm.

Vergl. *Carpzov* in s. Practica nov. rerum. crim. P. 1. Q. 1. n. 37.

*Leyser* in s. Medit. spec. 603.

*Boehmer* in den Element. iurisprud. crim. Halae 1743. §. 202. in den Observ. ad Carpzovii pract. rer. crim. Q. 1. obs. 2. und in seinen Meditat. ad C. C. C. art. 137.

*Nettelbladt* in der Disputat. de homicidio ex intentione indirecta commisso, Halae 1756. und die 3. Ausg. 1772. §. 9. und 16.

*G. G. Petz de Lichtenhof* in der Disp. de homicidio per indirectum probato, Altorf. 1782. S. 15.

*Koch* in den Instit. iur. crim. §. 440 und 441.

*Westphal* in s. Criminalrechte, Leipz. 1785. S. 7.

*Eschenbach* in dem Progr. de dolo indirecto homicidarum, Rostoch. 1787. Es ist dasselbe auch befindlich in dem Niedersächsischen Archiv für Jurisprudenz und iuristische Litteratur, P. 1. Sect. 2. S. 65.

*Quistorp* in den Grunds. des deutschen peinlichen Rechts, §. 55. und 223.

*Dorn* in dem Versuche eines praktischen Commentars über das peinl. Recht, Leipz. 1790. §. 31.

§. 292.

Die neuern Criminalisten haben die Theorie des indirecten Vorsazzes theils ganz verworfen, theils aber, jedoch mit Einschränkungen, noch angenommen, und der Sache wenigstens einen andern Namen gegeben. Zu jenen gehört *Christiani* [a]), *Püttmann* [b]) und *Stelzer* [c]), zu diesen aber *Hoff* [d]), *Soden* [e]) und *Kleinschrod* [f]).

a) Abhandl. die Chimäre des Todtschlags aus indirekter Absicht, im Kielschen Magazine, Hamburg 1784. B. 1. St. 3. S. 345.

b) Disp. de distinctione inter animum occidendi directum et indirectum e iurisprudentia criminali eliminanda, Lips. 1789. Sie ist auch befindlich in dem Miscellaneorum libr. sing. Lips. 1793. S. 327.

c) Lehrbuch des deutschen Criminalrechts, Halle 1793. §. 85.

. d) Sendschreiben an Christiani über Verbrechen aus indirecter Absicht, Berlin 1791.

c) Geist der peinlichen Gesezgebung Deutschlands, §. 8. u. ff.

f) Systematische Entwikkelung der Grundbegriffe und Grundwahrheiten des peinlichen Rechts, Th. 1. §. 18. u. ff.

Uebrigens ist noch davon nachzusehen.

E. F. *Klein* in seinen Annalen, B. 3. S. 51.

E. C. *Westphal* in d. Grunds. von der rechtlichen Beurtheilung der aus Hizze des Zorns unternommenen Handlungen, Halle 1784.

B. T. *Steinmez* in der Disp. de imputatione doli indirecti, Sp. 1. Lips. 1789.

E. W. *Robert* über die Erklärung einer Absicht und ihre Eintheilungen, zur Erläuterung der Distinction von dolo directo und indirecto. In seinen Beiträgen zur natür-

lichen und positiven Rechtsgelehrsamkeit, Marburg.
1789. n. 2.

### §. 293.

Nach den hier aufgestellten Grundsäzzen
liegt die Entscheidung dieser grossen Streitigkeit
ganz deutlich vor Augen. Wir unterscheiden
den Vorsaz im allgemeinen von dem Vorsazze
insbesondere, und verstehen unter jenem jede
gesezwidrige Absicht. Da nun die Gesezwidrigkeit derselben entweder darinne bestehet,
dass die in einem Gesez ausdrüklich verbotene
Handlung unmittelbar selbst, oder eine andere
Handlung beabsichtiget wird, aus welcher jene
wahrscheinlich entstehet, die wir eine gefährliche nennen, so theilen wir den Vorsaz im allgemeinen in den Vorsaz insbesondere oder die
Schuld ein. Wenn nämlich Jemand sich zu einer
Handlung entschliesst, von der er doch weiss, es
könne leicht ein Verbrechen daraus entstehen,
so ist allerdings eine gesezwidrige Absicht vorhanden, sie gehet aber nicht auf das zu befürch-
tende Verbrechen, sondern blos auf die Gefährlichkeit. Und diese Absicht ist auch eine directe.
Eine indirecte Absicht ist und bleibt ein Widerspruch der Begriffe, man mag sie erklären, wie
man will. Die Absicht ist der Begriff einer
Wirkung, in wieferne er uns zur Hervorbringung derselben bestimmt. Wir können daher
nie eine Absicht haben, deren Erreichung wir
nicht wünschten.

Der Saz: Qui consentit in antecedens, non potest non consentire in consequens, worauf sich unter andern Böhmer beruft, ist nur halb wahr. Er ist wahr, wenn das Consequens eine nothwendige Wirkung meines Unternehmens ist und ich mir dessen bewust bin, §. 470 und 271.; falsch aber, wenn das Consequens zu den zufälligen Folgen gehört. Lezteres erläutert durch ein sehr passendes Beispiel Püttmann in s. Miscellaneorum libr. sing. S. 334.

§. 294.

Diejenigen Criminalisten, welche die Theorie des indirecten Vorsazzes noch mit Einschränkungen annehmen, erklären denselben unter andern für eine Nebenabsicht, (*Dolum euentualem*) allein, sobald man dabei noch voraussezt, dass der Handelnde den geszwidrigen Erfolg nicht wünsche, so wird doch dadurch der Widerspruch nicht gehoben. Uebrigens werden ja alle Verbrechen aus Nebenabsichten begangen. Nun können auch mehrere dergleichen zusammen kommen. §. 236. und 262.

Vergl. *Kleinschrod* a. a. O. §. 22.

cccc) Von der Selbstbestimmung, welche mit der Ueberzeugung der blossen Möglichkeit der in einem peinlichen Gesezze ausdrüklich verbotenen Handlung verbunden ist, und *von dem Zufalle.*

§. 295.

Bei den zufälligen Wirkungen einer Handlung unterschieden wir wahrscheinliche von den

bloss möglichen §. 275. Von jenen ist bereits
gehandelt worden. Wir haben daher die Selbstbestimmung nun auch noch nach der damit verbundenen Ueberzeugung der Möglichkeit eines
gesezwidrigen Erfolgs zu betrachten, um in der
Folge zu entscheiden, ob auch diese einen Einfluss auf die Immoralität der Verbrechen haben
könne.

### §. 296.

Die Möglichkeit einer Verlezzung beschränkt
unsere Thätigkeit in keiner Rüksicht. Es ist
keine Verbindlichkeit vorhanden, eine Handlung
blos deswegen zu unterlassen, weil sie eine
Verlezzung möglich macht. Wollte man dieses
annehmen, so würden wir beinahe ganz un-
thätige und unbrauchbare Geschöpfe werden
müssen, da wir bei unsern Unternehmungen
und Geschäften mit andern Menschen gröstentheils diese Möglichkeit voraus sezzen müssen.

### §. 297.

Eben so wenig lässt sich ein natürliches
Schuz-und Strafrecht gegen die erregte Erwartung
einer blos möglichen Verlezzung darthun. Auch
würden positive Gesezze die bürgerliche Freiheit
kränken, welche Handlungen von der Art un-
tersagten, und ein Staat könnte mit dergleichen
Gesezzen nicht einmal bestehen. Folglich
schliesst das Bewustseyn, dass es blos möglich

sey, es werde ein Unternehmen eine verbotene
Handlung hervorbringen, alle Gesezwidrigkeit
aus.

### §. 298.

Wollte mir Jemand einwenden, dass es
hier doch noch auf die Absicht ankomme, und
ohnstreitig eine Handlung ein Gegenstand der
Strafgesezze werde, zu der wir uns mit der
Absicht bestimmen, ein Verbrechen dadurch zu
bewirken, wenn wir uns gleich bewusst wären,
die Erreichung derselben sey blos möglich;
so darf ich mich zur Vertheidigung auf die §.
252. u. ff. und 257. u. f. festgesezten Begriffe
der innern und äussern bürgerlichen Immoralität beziehen. Daraus erhellet, dass die Ab-
sichten und Triebfedern so lange nicht in Betrachtung kommen, als die äussern Handlungen
den bürgerlichen Gesezzen nicht widersprechen.
*Nur bei Uebertretungen der Gesezze ist auf eine
dem Staate gefährliche Absicht Rüksicht zu
nehmen.*

### §. 299.

Sollte es sich nun aber zutragen, dass eine
blos mögliche gesezwidrige Folge unserer Handlung doch wirklich würde, und wir eine Verlezzung unter solchen Umständen veranlassten,
so nennt man das Verhältniss dieses Erfolges zu
der Gesinnung der handelnden Person *Zufall,*

(*Casus*) welcher als die Gränze der Schuld hier noch merkwürdig ist. Ueberhaupt versteht man also darunter: *das Verhältniss einer Wirkung zu der selbstthätigen Bestimmung des Handelnden, da diese an der Hervorbringung derselben keinen Antheil hat:* und wenn in peinlichen Fällen davon die Rede ist: *das Verhältniss der Entstehung eines Verbrechens zu der selbstthätigen Bestimmung des Urhebers, da diese an sich nicht gesezwidrig ist.* Dieser Begriff ist auch der Art von Zufall angemessen, welcher ein unrichtiges Bewustseyn, und einen Irrthum voraussezt. Denn die Bestimmung des Urhebers eines Verbrechens ist entweder deswegen nicht gesezwidrig, weil die Handlung ihrer wahrem Natur nach in keinem Gesezze verboten worden, oder weil der Handelnde sie wenigstens dafür ansahe.

### §. 300.

Die Selbstbestimmung, welche mit der Ueberzeugung verbunden ist, dass es bloss möglich sei, es entstehe daraus eine verbotene Handlung kann also niemals der Gegenstand einer peinlichen Untersuchung seyn. Doch ist in dem Falle, wenn sie auf einem Irrthum beruhet, noch zu unterscheiden, ob der Irrthum durch eine vorhergehende Handlung der Schuld veranlasst worden, welche leztere dann strafbar wird.

II.                    F

§. 301.

So wie aber die Criminalisten die Schuld
mit dem Vorsaz verwechseln, §. 290. und ff.
und jene besonders den indirecten Vorsaz nennen,
so scheinen mir auch die wenigen Rechtsgelehrten, welche die Schuld zu erklären, bemühet gewesen sind, sich dabei in den Begriff
des Zufalls verirrt zu haben. Da nun diese Bestimmungen noch dazu von der grösten Wichtigkeit sind, so wird niemand die gegenwärtige
Entwiklung des Zufalles für überflüssig halten.

Man vergleiche die §. 280. angeführten Vorstellungen
der Schuld von Filangieri, Soden, Stelzer, und Kleinschrod.

# Anhang.

*In wieferne die Immoralität der Verbrechen nach der beschriebenen Grösse der freien Handlung erkennbar und verschieden sey.*

### §. 302.

Nun sind wir so weit gekommen, dass mit der erforderlichen Deutlichkeit gezeigt werden kann, aus welchen Gründen nach der Grösse der Freiheit bei einem Verbrechen, und der daraus entstehenden Verschiedenheit der Bestimmung dazu, der Mangel an Achtung gegen die bürgerlichen Gesezze mehr oder weniger verrathen, die Erfüllung des geäusserten gesezwidrigen Willens gewisser oder ungewisser und die äussere Immoralität der Verbrechen also grösser oder kleiner werde. §. 238 - 241.

### §. 303.

Die Freiheit bei den gesezwidrigen Aeusserungen sezt solche Ereignisse und Handlungen voraus, die in der Regel den Fähigkeiten eines jeden Menschen angemessen sind, und der Akt der freien Willenshandlung selbst beruhet ebenfalls auf einer ganz wesentlichen Eigenschaft in uns. Dieser Saz erhellet ganz deutlich aus dem Vorhergehenden. Denn um die nöthigen Kenntnisse von einer Handlung so wohl an sich, als auch in Ansehung des dadurch zu verlezzenden

Gesezzes und ihrer Beziehung auf dasselbe zu erlangen, die gehörige Ueberlegung darüber anzustellen, und sich nach selbiger zu bestimmen, wird blos der gemeine Menschenverstand erfordert.

### §. 504.

Diejenigen Umstände hingegen, vermöge welcher die freie Handlung eines Verbrechens nicht vollkommen bestehen kann, und die als Hindernisse derselben betrachtet werden müssen, haben ihren Grund in zufälligen und ungewöhnlichen Mängeln der menschlichen Kräfte, und in solchen Dingen, die blos als Ausnahmen vorkommen. Das zur Freiheit erforderliche Bewustseyn der Handlung nach ihrem ganzen gesezwidrigen Umfange wird nur dann bei den Menschen im Staate nicht angetroffen, wenn Krankheiten die Verstandeskräfte zerstören, wenn ihnen wegen der Jugend, oder ihrer Erziehung, oder gewisser körperlicher Fehler die gewöhnliche Bildung mangelt, und die Gesezze selbst ihnen unbekannt geblieben sind, da sie als Fremde oder Einheimische bei ihrer Promulgation abwesend gewesen waren, oder diese selbst in Ansehung der Zeit, des Orts und des Ausdruks nicht gehörig veranstaltet worden ist.

### §. 305.

Was die dem Akte der freien Willenshandlung vorhergehende Ueberlegung betrifft, so

kann diese, ausser den angeführten Umständen,
durch Krankheiten, Unmässigkeit im Trinken,
Leidenschaften, Schlaf und Kürze der Zeit verhindert werden.

## §. 306.

Die selbstthätige Bestimmung und die
Aeusserung nach selbiger unterbrechen und
mindern äussere Gewaltthätigkeiten, und
was jene anlangt, besonders Ueberredung und
überraschende, oder die Sinne vorzüglich reizende Umstände.

## §. 307.

Diese Beispiele der Hindernisse einer freien
Handlung sezzen auch den zweiten §. 304.
angeführten Saz völlig ausser Zweifel. Rührt
nun der bei einem Verbrechen verrathene gesezwidrige Willé und Mangel an Achtung gegen
ein Gescz von einem solchen zufälligen und ungewöhnlichen Ereignisse her, so ist die Anwendung des Willens und die Hebung jenes Mangels wahrscheinlicher, als wenn die Handlung
mit vollkommner Freyheit, und also durch fort-
dauernde Ursachen entstanden ist. Es bleibt
in dem Falle zu hoffen übrig, dass der Verbrecher unter andern Umständen anders gehandelt haben würde, und dass so wie diese Hindernisse gehoben werden können, auch die Entschliessung desselben eine andere Richtung nehmen werde. Diese Voraussezzung vermehrt

mithin auch die Wahrscheinlichkeit der Nicht-
erfüllung des geäusserten Willens, und vermin-
dert, mit der daraus entstehenden kleinern Gefahr, auch die äussere Immoralität.

### §. 308.

Je weniger im Gegentheil die Freiheit zu
handeln bei einem Verbrechen verhindert war,
desto unveränderlicher erscheint der gesezwidrige Wille, desto wahrscheinlicher die Erfüllung desselben, desto gefährlicher die Gesinnung des Handelnden, und desto grösser die
äussere Immoralität des Verbrechens. In eben
dem Grade, als ein Delinquent mehr frei handelt, wird auch zugleich die Gefahr vermehrt.

> Wir sehen also hier nicht auf die Grösse der Freiheit,
> in wiefern dadurch eine Handlung mehr oder weniger
> innern Werth, oder Unwerth bekommt, sondern wegen
> der damit verbundenen Gefährlichkeit. Darinne liegt der
> Unterschied zwischen der innern und äussern Immoralität.
> Ein grosser Grad von Freiheit ist bei wiederholten Ver-
> brechen anzunehmen, da der Delinquent bei der ersten
> That vollkommene Wissenschaft von derselben ohne
> Zweifel erhielt. Dies ist auch ein Grund der grössern
> Strafbarkeit solcher Verbrechen.

### §. 309.

Die subjektive Grösse eines Verbrechens ist
also zuerst nach der Grösse der Freiheit zu beurtheilen, mit welcher jenes unternommen und
ausgeführt wurde.

b) *Von der Immoralität der Verbrechen nach der Grösse der dadurch verlezten Verbindlichkeit.*

§. 310.

Die Verbindlichkeit, ein Verbrechen zu unterlassen ist grösser oder kleiner, je nach dem eine grössere oder kleinere Gefahr aus demselben für den Staat erwächst. Und diese Gefahr wird wieder nach dem Grade der Unvermeidlichkeit, Unsezlichkeit, Heftigkeit und des Umfangs der zu befürchtenden Verlezzung beurtheilt. Es kommt also in Ansehung dieses Maasstabes der Subjektivität und äussern Immoralität eines Verbrechens ganz auf die objektive Grösse desselben an, von der in dem vorhergehenden Abschnitte gehandelt worden ist.

Uebrigens ist noch darüber nachzusehen: *I. I. Andreas* Disp. de iusta delictorum et poenarum quantitate, Goett. 1768. c. 1. §. 17.

§. 311.

Doch äussert sich die objective Grösse eines Verbrechens hier unter andern noch durch das besondere Verhältnis, in welchem der Delinquent mit dem unmittelbar beleidigten Mitgliede des Staats stehet. Gewisse Privatverbindungen legen uns oft eine neue Pflicht auf, die Rechte eines Andern nicht zu verlezzen. In dem Falle wird also die Verbindlichkeit, ein Verbrechen zu unterlassen, die uns von Seiten der Staatsverbindung schon oblieget, noch mehr sanctionirt und mithin vergrössert. Das geschiehet besonders durch Verträge, erzeigte Wohlthaten und nahe Verwandtschaft.

Einiges bemerkt davon *Kleinschrod* a. a. O. §. 71.

## §. 312.

Ob nun gleich Privatrechte und Verbindlichkeiten der einzelnen Bürger unter sich an sich nicht Gegenstände der öffentlichen, und insbesondere der peinlichen Gesezze sind, und daher das Dazukommen einer Privatverbindlichkeit die öffentliche Verbindlichkeit an sich auch nicht vermehret, so hat doch der Staat bei der Verlezzung einer doppelt begründeten Verbindlichkeit ein grösseres Interesse, da der Delinquent in dem Falle eine noch gefährlichere Gesinnung verräth, als ausserdem, und mithin ist auch die Subjectivität und Immoralität der Verbrechen in der Rüksicht noch verschieden. Daher konnnt es, dass der Todschlag eines nahen Verwandten, die Herausforderung eines Wohlthäters zum Duell, der Diebstahl eines Dienstboten, und überhaupt desjenigen, dem wir unser Vermögen anvertrauet hatten, für grössere Verbrechen angesehen werden, als andere von der Art.

## §. 313.

Je grösser nun die Verbindlichkeit, welche durch ein Verbrechen verlezt wird, nach den beiden Gesichtspunkten ist, desto grösser sind die objectiven und subjectiven Aufforderungen der peinlichen Gesezze, die sinnlichen Antriebe dazu nicht zu befriedigen, und es zu unterlassen, und je grösser diese wieder sind, desto grösser ist der Mangel an Achtung gegen das übertretene Gesez.

Daher ist auch der Vorsaz eine grössere Vergehung, als die Schuld. §. 213.

### §. 314.

Der grössere Mangel an Achtung, welcher auf die Art gegen die Gesezze verrathen wird, vermehrt auch hier die Wahrscheinlichkeit der Erfüllung des geäusserten gesezwidrigen Willens, und also ebenfalls die subjective Gefährlichkeit der That. Die Gesinnung des Delinquenten stehet in einem grössern Widerspruche mit den Gesezzen, als wenn von ihm eine weniger wichtige Verbindlichkeit verlezt worden wäre. Dieser erregt nicht nur die Furcht, der Verbrecher werde künftig seinen sinnlichen Antrieben eben so grosse Verbindlichkeiten aufopfern, sondern läst auch mit noch grösserer Wahrscheinlichkeit von ihm erwarten, dass er aller andern geringeren Vergehungen weit leichter sich werde schuldig machen.

c) *Von der Immoralität der Verbrechen nach dem die Gesezze leicht, oder schwer erfüllt, und jene vermieden werden können.*

**§. 315.**

Die Leichtigkeit, ein peinliches Gesez zu
erfüllen, und ein Verbrechen zu unterlassen,
hängt von der Anzahl und Stärke der dem Gesezze widersprechenden sinnlichen Antriebe ab.
§. 236. Eine Pflicht ist leichter oder schwerer
zu erfüllen, je nachdem jene in Ansehung der
Menge und Stärke mehr oder weniger auf die
Entschliessung des Menschen wirken.

**§. 316.**

Um die Heftigkeit der zu einem Verbrechen
veranlassenden Triebe zu erkennen, haben wir
besonders auf die Art und den Grad von Leidenschaft zu sehen, die jedesmal mit denselben
verbunden ist. Diese sind hinreissender und
gewaltsamer, wenn sie durch das Temperament, eine unvermuthete Gelegenheit, Gewohnheit und unangenehme Vorstellungen erregt, gereizt und unterhalten werden, als wenn diese
Umstände nicht eintreten.

Die Temperamente haben bekanntermaassen einen vorzüglichen Einfluss auf unsere Handlungsweise, so, dass
Jemand mit besserer Gesinnung seines Temperaments wegen gesezwidriger handelt, als ein an sich sonst schlech-
terer Mensch. Vergl. Feder, Untersuchung über den
menschlichen Willen Th. 2. B. 3. Abschn. 2. Kap. 2. und
Wieland, Geist der peinlichen Gesezze §. 265. u. f.
Werden wir unvermuthet und auf einmal zu einer Leidenschaft gereizt, so können wir denselben nicht so
leicht vorbeugen, als wenn sie nach und nach entstehen.

Daher legt man dem Delinquenten eine grössere Immoralität bei, der die Gelegenheit zu einem Verbrechen suchte, als dem, welcher dadurch von selbst überrascht wurde. §. 264.

Leidenschaften, die durch unangenehme Vorstellungen entstehen, beziehen sich gewöhnlich auf den Trieb der Erhaltung, welcher heftiger ist, als die Neigung uns blos Vergnügen zu verschaffen. Sie sind also grössere Hindernisse der Beobachtung eines Gesezzes. Mit Recht wird also ein Mord, der aus Muthwillen, oder sonst einen Vortheil zu erlangen, geschiehet, für ein grösseres Verbrechen angesehen, als der, welcher aus Furcht und Zorn verübt wurde. Das nämliche Verhältniss findet zwischen einem Diebstahl aus Habsucht und aus Noth statt.

## §. 317.

Daraus ergiebt sich also, dass die sinnlichen Antriebe, und Privatzwekke unsere Handlungsweise mehr und weniger bestimmen, dass wir daher bei der Vermeidung der Verbrechen mit grössern und kleinern Hindernissen zu kämpfen haben, und mithin auch eine grössere oder kleinere Thätigkeit unserer Vernunft erfordert werde, um sich zur Unterlassung eines Verbrechens zu bestimmen. Je weniger aber nun moralische Thätigkeit zur Beobachtung eines Gesezzes hinreichend, und doch nicht angewendet worden war, desto grösser ist der Mangel an Achtung gegen dasselbe.

## §. 318.

Unter andern kommen auch in Ansehung

dieses Maasstabes der äussern Immoralität die
äussern Hinderungen, welche die Ausführung
eines Verbrechens erschweren, in Betrachtung.
Die Handlung erfordert entweder ihrer Natur
nach eine grosse und lange Vorbereitung und
Anstrengung unserer Kräfte, oder es stehen ihr
zufällige Umstände im Wege, und verursachen,
dass wir viel Zeit und Kräfte darauf verwenden
müssen.    In beiden Fällen ist auf die längere
Dauer der moralischen Unthätigkeit, und also
auch in der Rüksicht auf einen grössern Mangel
an Achtung gegen das dabei übertretene Gesez
zu schliessen.

> Daher hält man endlich auch solche Verbrechen für
> grössere, mit deren Absicht wir lange Zeit umge-
> gangen sind.

B) *Von der Immoralität der Verbrechen, in soferne sie aus der Verschiedenheit der dabei
beabsichtigten sinnlichen Privatzwekke, oder
Triebfedern erkennbar ist.*

### §. 319.

Die Triebfedern bei einem Verbrechen sind
in Ansehung ihrer Uebereinstimmung oder ihres
Widerspruchs mit den Geseczen eben so verschieden, als jede äussere Handlung, die ein Verbrechen ausmachen kann.   Sie können an sich gesezmässig und auch gesezwidrig seyn.   Und in

jenem Falle sind ihre Gegenstände entweder geboten, oder wenigstens erlaubt.

### §. 320.

' Stimmen sie mit den Gesezzen nicht überein, so widersprechen sie denselben entweder
weniger, oder eben so sehr, oder noch mehr, als
die durch sie hervorgebrachte äussere Handlung,
welche als ein Verbrechen angesehen wird.

### §. 321.

Die Grösse ihrer Gesezwidrigkeit ist ebenfalls, so wie die der äussern Handlung selbst,
nach der Grösse der Freiheit, mit welcher sie
entstehen und unterhalten werden, der Verbindlichkeit, der sie widerstreiten, und der Leichtigkeit, sie zu unterdrükken, zu bestimmen.

### §. 322.

Jeweniger oder jemehr nun die Triebfedern
eines Verbrechens im Widerspruche mit dem
Staatszwekke stehen, desto kleiner oder grösser
ist der Mangel an Achtung gegen die Gesezze.

### §. 323.

Ist der Entstehungsgrund eines Verbrechens
erlaubt oder wohl gar pflichtmässig, so äussert
sich der Mangel an Achtung gegen die Gesezze
blos in der Wahl der Mittel zur Ausübung des
zustehenden Rechts, oder zur Erfüllung der

beabsichtigten Pflicht. Es wird in dem Falle oft ein Gesez übertreten, um ein anderes zu erfüllen. Und dieser ist der kleinste Grad der fehlenden gesezlichen Achtung.

Dahin gehöret Gewaltthätigkeit zur Verfolgung eines Rechts, Entführung einer erlaubten Heirath wegen, und Diebstahl um seine Schulden zu bezahlen, oder bürgerliche Abgaben zu entrichten, oder einen Unglüklichen zu retten, oder selbst nicht umzukommen.

### §. 324.

Sollte aber der Entstehungsgrund ebenfalls im Widerspruch mit den Gesezzen stehen, so ist die mangelnde Achtung gegen dieselben grösser, und nimmt in dem Grade noch zu, als jener sich vermehret.

Man hat daher den Todtschlag, der aus Rache von dem, welcher in der Absicht des Raubes geschehen ist, so wie auch den Diebstahl eines Instruments, um einen Gewinn damit zu machen, von dem, um Jemanden damit das Leben zu nehmen, wohl zu unterscheiden.

C) *Von der Immoralität der Verbrechen, in wie ferne sie in der Art und dem Grade der Ausführung sichtbar ist.*

### §. 325.

Was nun endlich die Ausführung eines Verbrechens betrift, so ist dieselbe sowohl in Ansehung der Art, als auch des Grades sehr verschieden. Man kann z. B. den gesezwidrigen Willen

ausdrüklich oder stillschweigend, §. 178. und
203. allein oder mit Hülfe Anderer, §. 264.
durch gefährlichere oder weniger gefährliche
Mittel, und öffentlich oder heimlich äussern.
Hier nehmen wir aber blos auf die lezte Art
Rüksicht, in welcher sich noch besonders eine
Verschiedenheit des Mangels an Achtung gegen
die bürgerlichen Gesezze offenbaret.

## §. 326.

Wer an öffentlichen Orten, oder ausser denselben in dem Angesichte Anderer die Gesezze
übertritt, der giebt zu erkennen, dass er auch
in den Augen seiner Mitmenschen nicht einmal
für einen guten Bürger gelten wolle, und die
Meinung Anderer, die ihn für einen gefährlichen
Menschen halten könnten, nicht achte. Und
daraus folgt wieder, dass man weit wahrscheinlicher von ihm, als von einem im Verborgenen
handelnden Verbrecher, nicht nur mehrere ähnliche, sondern auch noch grössere Vergehungen
zu befürchten habe, da er die angedroheten Strafen nicht zu achten, oder wohl gar mit der Absicht umzugehen scheint, im Falle des Wider-
standes sich gewaltsam zu widersezzen, und den
verdienten Strafen durch neue Verbrechen zu
entgehen.

Beispiele von solchen Handlungen sind nicht selten.
Es gehören dahin öffentliche und heimliche Hurerei, und
die in den Kirchen, Gerichtspläzzen und Hörsälen verüb-

ten Verbrechen. Vergl. *Matthaei* in der Comment. de criminibus L. 48. T. 18. C. 4. n. 25. und 26. und *Kleinschrod* a. a. O. §. 74.

Man hält öffentliche Verbrechen auch deswegen für grössere, als heimliche, weil durch jene besonders ein böses Beispiel gegeben werde; allein da des Beispiels wegen eigentlich eine Strafe nicht darf geschärft werden, um den Delinquenten nicht als Mittel zu brauchen, so nehmen wir hier darauf weiter nicht Rüksicht.

Unter andern urtheilen *Globig* und *Huster* in ihrer Preisschrift über die Criminalgesezgebung ganz anders, und wie mir scheint, nicht richtig, von öffentlichen und heimlichen Verbrechen, S. 110. Jene sollen die Tugend der Grosmuth verrathen.

## §. 327.

Die *Grade der Ausführung* eines Verbrechens sind ebenfalls sehr mannichfaltig. In Ansehung dieser ist ein Verbrechen entweder vollendet, oder unvollendet. Die Bestimmung jenes hängt von der Absicht der handelnden Person und der gesezlichen Beschreibung der That ab. Zuerst hat der Richter zu untersuchen, wohin die Absicht des Delinquenten gieng, und sodann, ob die beabsichtigte That in dem Grade ausgeführt sey, wie sie bei der Strafbestimmung vorausgesezt worden ist, oder nicht. In jenem Falle ist das Verbrechen *vollendet* (*Delictum consumatum*) und in diesem *blos* ein *Versuch* vorhanden (*Conatus*).

Ich sahe mich genöthiget, den Begriff festzusezzen, da auch hierüber die Criminalisten verschiedene Meinungen

hegen, die gröstentheils nicht ganz bestimmt sind. Vergl.
*Globig* und *Huster* in der Preisschrift über die Criminalgesezgebung, S. 140. *Quistorp* a. a. O. §. 29. *Boehmer*
in der Medit. ad art. 178. §. 1. und *Kleinschrod* a. a. O.
§. 32. — 34.

### §. 328.

Der *Versuch* eines Verbrechens bestehet entweder in blossen Vorbereitungen und Anstalten
zu demselben, oder er begreift schon zum Theil
die Handlung des Verbrechens selbst, und wenigstens den Anfang derselben in sich. Daher
theilt man den Versuch in den *entfernten* und
*nahen* ein. (*remotus* und *proximus*.)

Der Versuch und die Grade desselben lassen sich zwar
auch bei der ausdrüklichen Erklärung eines gesezwidrigen
Willens, aber doch vorzüglich bei der stillschweigenden
Aeusserung denken. §. 178.

### §. 329.

Sowohl der entfernte, als auch der nahe
Versuch ist entweder an sich eine erlaubte, oder
eine ebenfalls verbotene Handlung, und macht
in dem lezten Falle, ohne Rüksicht auf die dabei beabsichtigte unvollendete That, ein besonderes vollbrachtes Verbrechen aus. In soferne
nun aber die Handlung des Versuchs auch noch
ausserdem an sich schon ein vollendetes Verbrechen ist, kommt sie hier weiter nicht in Betrachtung. Es ist alsdann eine doppelte Vergehung

II.                  G

vorhanden. Wir sehen blos auf die noch
unvollendete.

Auch kann der Versuch eine Handlung der Schuld seyn,
oder, wie man sich gewöhnlich ausdrükt, mit Schuld begangen werden, welches die Criminalisten leugnen, und
so lange leugnen müssen, als man die Schuld mit dem
Zufalle verwechselt. Das, was wir aber eine Handlung
der Schuld nennen, kann eben sowohl entweder vollendet,
oder unvollendet seyn. §. 283. Anm. Man sehe *Kleinschrod* a. a. O. §. 36.

### §. 330.

Bei einem unvollendeten Verbrechen kommt
es noch ferner besonders darauf an, ob der Handelnde zur Unterlassung der Vollendung sich
selbst bestimmt hat, oder wider seinen Willen
blos an dieser verhindert worden ist, und in diesem Falle, ob die Hindernisse unüberwindlich
waren, oder durch eine grössere Thätigkeit, Anstrengung und neue Vergehungen wohl noch
überstiegen werden konnten.

### §. 331.

Nach diesen verschiedenen Umständen, die
sich bei der Ausführung eines Verbrechens finden, äussern sich auch mancherlei Grade des
Mangels an Achtung gegen die Gesezze. Sobald
die That nicht ganz vollendet ist, muss ein kleinerer Grad desselben angenommen werden. Die
selbstthätige Bestimmung und die Dauer derselben kann nur nach der Aeusserung beurtheilt

werden. Fehlet nun ein Umstand bei der Vollendung eines Verbrechens, so wird die Bestimmung dazu sogleich in Ansehung desselben ungewiss, und widerspricht überhaupt den Gesezzen weniger.

### §. 332.

Bei der Ausführung dieses Sazzes haben wir zuerst auf die Merkmale des gewiss geänderten gesezwidrigen Willens, oder der wenigstens ungewissen Fortdauer desselben zu sehen. Ist der Delinquent freiwillig, ohne durch Hindernisse dazu veranlasst worden zu seyn, von der völligen Ausführung seines Unternehmens abgestanden, so ist die zurükgekehrte Achtung gegen das zu übertreten beabsichtigte Gesez gewiss, und der Mangel an jener äussert sich nur in der ersten Entschliessung, indem diese bei dem grösten Grade der Achtung gegen das Gesez auch nicht erfolgen konnte.

In dem Falle ist der kleinste Grad der fehlenden Achtung vorhanden. Vergl. *Soden in dem Geiste der peinlichen Gesezgebung Deutschlands* §. 33. und *Kleinschrod* a. a. O. §. 42.

### §. 333.

Wahrscheinlich bleibt auch dann noch die zurükkehrende Achtung gegen das Gesez, wenn der Verbrecher bei der Vollendung seines Unternehmens zwar Hindernisse fand, die aber doch

G 2

übersteiglich waren. Und diese Wahrscheinlichkeit wächst, je weniger die Ueberwindung derselben Anstrengung und Aufopferung erforderte,
und mit je kleinerer Gefahr sie verbunden gewesen wäre.

### §. 334.

Waren aber die entgegenstehenden Hindernisse unüberwindlich, so ist der bleibende Mangel an Achtung gegen das Gesez wenigstens ungewiss, so lange nicht durch andere Umstände
das Gegentheil erwiesen ist.

### §. 335.

Sollte aber auch dargethan werden, dass der
Delinquent wirklich in der Zeit von dem Unternehmen des Verbrechens bis zum Abstehen davon
seinen geszwidrigen Willen nicht geändert habe, so kann man doch annehmen, er werde sich
vielleicht noch zur Unterlassung der Vollendung
des Verbrechens bestimmt haben, wenn er nicht
durch andere Umstände davon schon wäre abge-
halten worden. So wenig wahrscheinlich diese
Voraussezzung ist, so muss sie doch in dem äussern Forum und bei der äussern Immoralität gelten, die allein nach äussern Handlungen beurtheilt werden kann. §. 237.

In dem Falle kommt aber freilich die kleinste Minderung des verrathenen Mangels an Achtung gegen das übertretene Gesez vor.

### §. 336.

Ist nun aber entschieden, ob, und mit welchem Grade der Gewissheit die Aenderung des gesezwidrigen Willens und die zurükkehrende Achtung gegen das zu übertreten beabsichtigte Gesez vorhanden sey, so ist zweitens noch auf die Grade des Versuchs selbst Rüksicht zu nehmen. In jedem der angeführten verschiedenen Fälle äussert sich der Mangel an dieser Achtung weniger oder mehr, je nachdem viel oder wenig an der Vollendung des Verbrechens noch fehlet. Daher haben wir den entfernten und nächsten Versuch besonders in Betrachtung zu ziehen.

Man kann zwar mehrere Grade des Versuches festsezzen, allein mit weniger Bestimmtheit. Vergl. *Kleinschrod* a. a. O. §. 38. In wiefern der entfernteste Grad eine Vergehung sey, ist aus dem Begriffe der Verbrechen zu erklären. §. 194.

### §. 337.

Auch der nächste Versuch ist noch von der Vollendung verschieden. §. 331. Derjenige, welcher Bedenken trägt, das Lezte hinzu zu sezzen, was an der Vollkommenheit der That mangelt, verräth zuverlässig einen kleinern Grad der fehlenden Achtung gegen das dadurch zu übertreten angefangene Gesez, als ein anderer, der die That ganz ausführet.

Dennoch aber sind mehrere Criminalisten der Meinung zugethan, dass der nächste Versuch der Vollendung gleich

zu achten sey. *Servin* über die peinliche Gesezgebung
B. 1. C. 1. Abschn. 1. §. 4. nach der Uebersezzung zu
Nürnberg 1786. *Filangieri* in dem System der Gesezgebung, B. 4. C. 37. S. 271. nach der Uebersez. zu Ansp.
1787. und *Bunniza* in der Disp. de causis mitigantibus, au-
gentibus et cessare facientibus poenas a legibus statutas,
Wirceb. 1744. C. 1. §. 15. Diese widerlegt aber *Traug.*
*Thomasius* in der Disp. an poena delicti perfecti ordinaria
puniendus sit conatus proximus, Lips. 1735. *Quistorp* in
den Grundsäzzen des deutschen peinlichen Rechts, §. 97.
*Soden* a. a. O. §. 33. — 35. *Feder* in der Untersuchung
über den menschlichen Willen, Th. 3. B. 5. Hauptst. 5.
§. 80. und besonders *Kleinschrod* a. a. O. §. 39. — 41.

## Uebersicht derjenigen Umstände, welche man zu beobachten hat, um die Immoralität der Verbrechen zu beurtheilen.

### §. 338.

Da die Dinge, von denen die Grösse der
Immoralität in peinlichen Fällen abhängt, so
vielfach, und die Verbrechen, subiectiv betrachtet, so unendlich verschieden sind ; so wird es
den Lesern vielleicht nicht ganz unerwünscht
seyn, wenn ich schlüsslich darüber eine Tabelle
beifüge. In jeder peinlichen Untersuchung haben die Richter und Defensoren zu sehen auf:

A) *die Art der Selbstbestimmung,* ob sie geschahe

a) mit vollkommner *Freiheit* in Ansehung

aa) des *Bewustseyns von der Handlung*

aaa) *an sich selbst,* was anlangt

aaaa) ihre *unmittelbaren* und

bbbb) *mittelbaren Wirkungen,* und bei diesen wieder

aaaaa) die *nothwendigen* und

bbbbb) *zufälligen;*

bbb) nach den dadurch *übertretenen peinlichen Gesezzen,* was anlangt

aaaa) die *natürlichen* und

bbbb) *positiven;*

aaaaa) die *eigentlichen,* und

bbbbb) *uneigentlichen peinlichen,* und bei diesen beiden Arten

aaaaaa) das *Verbot,* und

bbbbbb) das *Strafübel;*

ccc) nach ihrer *Beziehung auf das Gesez,* da jene

aaaa) entweder *nicht vollkommen,*

bbbb) oder *nicht unter das rechte,*

cccc) oder *unter gar kein peinliches Gesez* subsumiret werden;

bb) der *Ueberlegung der Handlung,* nach

aaa) dem *Verhältnisse* der *Bestimmung der handelnden Person* zu dem bei dem Verbrechen beabsichtigten *Zwekke,* und bbb) dem *Verhältnisse dieses Zwekkes* zu den natürlichen und positiven *Folgen* der That;

cc) der *Selbstbestimmung*, als des eigentlichen Akts des freien Willens, was anlangt

aaa) die Grösse der *Unabhängigkeit*, insbesondere

aaaa) die *innere freie Willenshandlung*

aaaaa) als die *ursprünglich wirkende* oder blos *theilnehmende*, und

bbbbb) als die *vorhergehende* und *nachfolgende ;*

bbbb) die *äussere* freie Willenshandlung, welche

aaaaa) entweder ganz *ununterbrochen* ist

bbbbb) oder *nicht*, und in diesem Falle

aaaaaa) entweder die *anfangende,*

bbbbbb) oder die *ausführende ;*

bbb) die *Verschiedenheit der Ueberzeugung* des Handelnden, da er den gesezwidrigen *Erfolg* annimmt

aaaa) entweder als *gewiss*, nach Unterschied

aaaaa) der *Nothwendigkeit*

bbbbb) oder *Zufälligkeit* desselben.

bbbb) oder als *wahrscheinlich,* und zwar

aaaaa) entweder für *mehr wahrschein-*
*lich,* oder *eben so wahrschein-*
*lich,* oder *weniger wahrschein-*
*lich,* als einen andern Erfolg;
wegen gewisser *Hindernisse*

aaaaaa) entweder des *freien Wil-*
*lens,* welche sind :

aaaaaaa) Unwissenheit,

bbbbbbb) Unbesonnenheit,

ccccccc) Unachtsamkeit,

ddddddd) Uebereilung,

bbbbbb) oder der *Willkühr* selbst;

bbbbb) *mit,* oder *ohne die Absicht,*
die wahrscheinliche gesezwidrige Folge hervorzubringen.

ccc) oder *blos als möglich;*

b) *einer grossen Verbindlichkeit zuwider,* in
Ansehung

aa) der *öffentlichen* und

bb) *Privatverbindlichkeiten,* und bei beiden
Arten nach

aaa) der *Anzahl* der ihr entsprechenden
*Rechte,*

bbb) der *Unvermeidlichkeit* der erfolgenden *Verlezzung* derselben,

ccc) der *Unverlezlichkeit* derselben, wegen ihrer

aaaa) *Unentbehrlichkeit,* und

bbbb) *Unersezlichkeit,*

ddd) dem *Grade der Verlezzung* derselben,

c) und *mit wenig moralischer Thätigkeit*, in
　Ansehung

　aa) der *innern Hindernisse*, welche verschie-
　　den sind nach

　　aaa) der *Anzahl* und

　　bbb) der *Stärke* der sinnlichen Antriebe,
　　　was anlanget die Leidenschaften,

　　　aaaa) welche von dem *Temperamente*
　　　　*herrühren*, oder nicht,

　　　bbbb) welche zur *Gewohnheit geworden*
　　　　sind, oder nicht,

　　　cccc) welche durch eine *unvermuthete*
　　　　*Gelegenheit gereizt* worden, oder
　　　　nicht, und

　　　dddd) welche von *angenehmen*, oder
　　　　*unangenehmen* Vorstellungen ge-
　　　　leitet worden;

　bb) der *äussern* Hindernisse, welche

　　aaa) entweder *natürliche*

　　bbb) oder *zufällige* sind.

B) die *Verschiedenheit der Triebfedern*, ob sie

　a) *gesezmässig*,

　　aa) *geboten*, und

　　bb) *blos erlaubt*,

　b) oder *gesezwidrig* sind, und in dem Falle

　　aa) entweder *mehr*,

　　bb) oder *eben so sehr*,

　　cc) oder *weniger*, *als die äussere That*.

C) die *Art und der Grad der Ausführung* des
　Verbrechens, ob es

a) *öffentlich* oder *heimlich* geschehen war,

b) *vollendet, oder nicht*

    aa) entweder nur *Vorbereitungen* dazu ge-
macht, oder es selbst *angefangen*
worden

    bb) die Unterlassung *freiwillig* oder *wider
Willen* erfolgte, und in jenem Falle

       aaa) entweder *ohne Rüksicht auf die* im
Wege stehenden *Hindernisse*,

       bbb) oder *auf Veranlassung derselben.*

Nach dieser Darstellung und Entwikkelung der Subjectivität eines Verbrechens findet auch bei den bürgerlichen Vergehungen der bekannte sophistische Saz der
Stoiker nicht statt. Vergl. *Cicero* in den Parad. C. 3. Nur
in Anschung der Form sind sie einander gleich, so wie die
moralischen Vergehungen. Uebrigens lassen sich die Verbrechen subiectiv betrachtet, nicht genau klassificiren, da
sie so unendlich verschieden sind, und die Hauptklassen
von selbst sogleich einleuchten. Z. B. vorsäzliche und verschuldete Verbrechen u. s. w.


## Zweite Unterabtheilung.

*Von der subjectiven Grösse der Verbrechen nach den
Chursächsischen Gesezzen.*

---

### §. 339.

Die positiven Vorschriften kommen mit den
Hauptregeln der Subjectivität eines Verbrechens
völlig überein, und können auch denselben nicht.

widersprechen, wenn sie nicht inconsequent
werden sollen, da jene in der Natur des Menschen ganz gegründet sind.

## §. 340.

Und ob man gleich bis auf den heutigen
Tag auch noch in den neuesten Systemen des
peinlichen Rechts den eigentlichen Gesichtspunkt
bei der Beurtheilung der Immoralität der Verbrechen, nach meiner Ueberzeugung, entweder
ganz verfehlt, oder doch wenigstens den wahren
und ächten Maasstab derselben nicht gehörig und
vollständig angewendet hat, und mithin noch
weit weniger die richtigern Grundsäzze darüber
in den ältern Gesezzen zu suchen sind, so lassen
sich doch die Bestimmungen der positiven Gesezze sehr wohl nach jenen erklären, und stimmen wenigstens zufällig mit einander überein.

## §. 341.

Das glükliche Zusammentreffen ist weniger
auffallend, wenn wir noch Folgendes bemerken.
Die Prämissen der äussern Immoralität der Verbrechen sind zum Theil eben dieselben, welche
bei der innern eigentlichen Immoralität zum
Grunde liegen. Da man nun bisher besonders
darinne fehlte, dass diese verschiedenen Arten
der Immoralität mit einander vermischt wurden,
und die leztere auch in den Gesezzen zum Maasstabe gedient zu haben scheint, so können die

positiven Verordnungen sehr füglich den angeführten neuen Grundsäzzen entsprechen. Es
lassen sich auch ausserdem aus den übrigen verschiedenen Gründen der innern und äussern Immoralität oft eben dieselben Folgerungen in Ansehung der subjectiven Grösse der Verbrechen ziehen.

### §. 342.

Uebrigens enthalten die Gesezze allgemeine
Grundsäzze darüber nicht ausdrüklich. Sie müssen vielmehr aus den einzelnen Strafbestimmungen abgeleitet werden. Eine weitläuftige Entwikkelung derselben würde aber überflüssig
seyn; da wir ihre Uebereinstimmung mit dem
angeführten Maasstabe zugestehen. Nur die
ersten positiven Hauptregeln, und solche, die
man bisher noch in Zweifel zog, sollen uns noch
beschäftigen.

> Stimmen die positiven Gesezze in den Hauptregeln mit
> den allgemeinen Grundsäzzen überein, so ist das auch in
> Ansehung der übrigen untergeordneten und von jenen
> abhängenden Regeln anzunehmen.

### §. 343.

So wohl die ursprünglichen, als auch die
übrigen Chursächsischen peinlichen Gesezze unterscheiden zuerst die Bestimmungsart, und bei
derselben vor allen Dingen wieder die Grade
der freien Willenshandlung sehr genau. Es

wird darinne auf die richtigen Begriffe des Delinquenten von dem Verbrechen nach seinem ganzen Umfange, und die vorhergehende gehörige
Ueberlegung gesehen, so dass, nach Verschiedenheit dieser Erfordernisse der Freiheit zu handeln, die Strafen ganz verschieden sind.

Vergl. *Erhard* in dem Handbuche des Chursächsischen
peinl. Rechts §. 85. u. ff. und die daselbst angeführten
Fälle, in welchen wegen mangelnder richtiger Begriffe
und fehlender Ueberlegung die Strafgesezze Ausnahmen
machen.

Besonders sind in Ansehung der vollständigen Kenntnisse von der That die Art. 119. 159. 161. und 162. und
in Ansehung der gehörigen Ueberlegung die Art. 157.
164. 166. 179. d. P. G. O. nachzusehen. Weitläuftiger
handelt davon *Quistorp* in den Grundsäzzen des deutschen
peinl. Rechts §. 65. und 66.

## §. 344.

Was die Selbstbestimmung zu einem Verbrechen betrifft, so kommt in den Gesezzen besonders
der Unterschied vor, da sie entweder mit der Ueberzeugung des gewissen oder wahrscheinlichen
Erfolgs einer verbotenen Handlung, und der Absicht selbige auch zu bewirken, oder nur mit
der Ueberzeugung dieses wahrscheinlichen Erfolgs, ohne die Absicht, denselben hervor zu
bringen, verbunden ist. Jene werden vorsäzliche, muthwillige und geflissentliche, und dié-
se verschuldete, nachlässige und fahrlässige Thaten genennt.

Besonders ist Vorsaz und Schuld in den Gesezzen von
dem Todschlage unterschieden. Vergl. das Generale wegen Remedirung derer Gebrechen im Medicinalwesen vom
29. Iul. 1750. C. A. C. T. I. S. 764. das Rescript vom 28.
Ian. 1751. ebendaselbst S. 775. und das Mandat wegen
Errichtung eines Sanitätscollegii zur Verbesserung des
Medicinalwesens vom 13. Sept. 1768. ebendaselbst S. 954
desgleichen die P. G. O. Art. 134. Uebrigens ist darüber
noch nachzusehen *Quistorp* a. a. O. §. 34. und 36. *Pütt-*
*mann* in den Element. iur. crim. Cap. 18. und 19. und
*Dorn* in s. Versuche eines praktischen Commentars über
das peinl. Recht S. 63. u. ff.

### §. 345.

Auch wird die Schuld nach ihren verschiedenen, und besonders nach den drei Graden
in Ansehung der Grösse der Wahrscheinlichkeit
eingetheilt, und die Grösse der Verbrechen dar-
nach abgemessen. Die Bestimmung dieser Eintheilung aber ist dem Ermessen des Richters
überlassen.

*Quistorp* a. a. O. §. 36. *Püttmann* a. a. O. §. 299. und
310. und *Kleinschrod* a. a. O. §. 30. und 31. Es wird
auch hier nicht, so wie in Civilsachen, die grösste
Schuld dem Vorsazze gleich geachtet. P. G. O. Art.
146. und l. 7. ad L. Corn. de Sicar.

### §. 346.

Die Eintheilung des Vorsazzes aber in den
directen und indirecten, ist, so wie nach den
allgemeinen Grundsäzzen, auch in den neuern
Chursächsischen, Deutschen, Römischen und

Mosaischen Gesezzen nicht gegründet, und bleibt ein Traum der alten Criminalisten. So streitig auch nach dem positiven Rechte dieser Umstand ist, so habe ich doch nicht nöthig, weitläuftig davon zu handeln, da obiger Saz schon in andern Schriften gründlich ausgeführet wird.

> Man sehe *Persch* in der Disp. de distinctione inter animum occidendi directum atque indirectum, Specimen iur. crim. Saxon. Elect. Lips. 1793. *Püttmann* in der Disp. de distinctione inter animum occidendi directum et indirectum e iurisprudentia criminali eliminanda, welche auch in dem Miscellaneorum libro sing. S. 327. befindlich ist und *Kleinschrod* a. a. O. §. 19.

> Auch die Grundsäzze des *Mosaischen Rechts* sind nach den positiven Gesezzen wichtig, da selbiges in diesen noch als ein allgemein verbindliches betrachtet wird.

### §. 347.

Nicht weniger nehmen die Chursächsischen Gesezze bei der Bestimmungsart auf die Grösse der durch ein Verbrechen verlezten Verbindlichkeit und die Leichtigkeit, dasselbe zu unterlassen Rüksicht. Ersteres ist auffallend, da es dabei auf die Grösse des zu befürchtenden Schadens und der Gefahr ankommt, die aus einem Verbrechen erwächst. Beispiele zu dem Leztern aber sind Diebstähle aus Mangel, oder wohl gar Hungersnoth, und alle Verbrechen, zu denen der Urheber durch eine einladende Gelegenheit und besondere reizende Umstände veranlasst worden ist, die gelinder bestraft werden, als andere in den entgegengesezten Fällen.

*Quistorp* a. a. O. §. 64. 67. 68. und 114.

### §. 348.

Zweitens unterscheidet man in dem positiven Rechte auch noch die Verbrechen, in Ansehung der Verschiedenheit ihrer Triebfedern. Sind diese ebenfalls sehr gesezwidrig, so werden jene als grössere angesehen, und umgekehrt als kleinere, z. B. Todschlag, um zu rauben.

### §. 349.

Drittens kommt endlich noch in denselben die Art und der Grad der Ausführung der Verbrechen bei der subjectiven Grösse in Betrachtung. Ganz anders wird ein öffentliches, oder ein vollbrachtes Verbrechen behandelt, als ein verborgen gehaltenes, oder ein unvollendetes.

*Decis. Elect.* 83. *C. A.* 1. *S.* 336. Oeffentliche Huren werden mit dem Zuchthause, heimliche aber mit dem Gefängnisse betraft.

Uebrigens hat niemals die gesezliche Strafe ftatt, wenn das Verbrechen nicht ganz vollbracht worden ist. *Quistorp* a. a. O. §. 68. 96. und 97. *Dorn* a. a. O. §. 30. *Kleinschrod* a. a. O. §. 39-42.

### §. 350.

Die übrigen hier nach den positiven Vorschriften nicht wiederholten Bestimmungen der Immoralität der Verbrechen sind entweder aus

II.          II

den angeführten Hauptregeln zu folgern, oder
es kommen die allgemeinen Grundsäzze davon,
in Ermangelung der positiven Gesezze, in Anwendung, welches auch sehr häufig der Fall ist.

*Erhard* a. a. O. §. 92.

## Vierter Abschnitt.

*Von der Zurechnung der Verbrechen.*

### §. 351.

Wie unentbehrlich die beiden vorhergehenden Untersuchungen in der peinlichen Rechtswissenschaft sind, leuchtet noch ganz vorzüglich in der Lehre von der Zurechnung ein. Sie
enthalten den Stoff und alle Bestimmungsregeln
zu derselben, als dem wichtigsten Acte bei der
Anwendung eines peinlichen Gesezzes.

### §. 352.

Eine Handlung *zurechnen* heisst nämlich
im allgemeinen derselben Moralität oder Immoralität beilegen, und wenn sie eine gesezwidrige ist, urtheilen, dass ihr Immoralität zu-
komme.

### §. 353.

So wie nun die Immoralität entweder die
innere, eigentliche, oder die äussere uneigent-

liche und bürgerliche war, §. 231. und 232. so giebt es nothwendigerweise auch eine eben so verschiedene Zurechnung. Wir unterscheiden daher die *moralische* und die *bürgerliche* Zurechnung. Jene ist, nach dem Begriffe der eigentlichen Immoralität, blos auf den innern Unwerth einer Handlung gerichtet, §. 232. 233. und, so wie ihr Gegenstand, §. 234. 235. ausser den Grenzen der peinlichen Rechtswissenschaft.

## §. 354.

Diese ist aber der einige Act bei der Anwendung der peinlichen Gesezze, von dem die Zwekmässigkeit derselben ganz allein abhängt. So bald sich eine unerlaubte Handlung zugetragen hat, und man die Sicherheitsmittel, welche das dadurch übertretene peinliche Gesez vorschreibt, in Ausübung bringen will, so muss vor allen Dingen untersucht werden, ob derjenige, durch dessen Kräfte die Handlung entstanden war, dieselben nöthig mache, und also das Gesez auf ihn passe, oder nicht, um in dem leztern Falle gegen diesen nicht ungerecht, gegen den Staat nicht unpolitisch, und überhaupt nicht zwekwidrig zu verfahren.

## §. 355.

Wird die Ausübung der in dem übertretenen Gesezze zur Sicherheit vorgeschriebenen Begegnung des Thäters für nothwendig befunden, und dessen Anwendbarkeit anerkannt, so bedient man sich in den peinlichen Gerichten von diesem Ausspruche des Ausdruks: ein Verbrechen zu-rechnen.

## §. 556.

Um diese Handlung, welche, so wie die Immoralität der Verbrechen, als ihr Bestim-mungsgrund, zum Theil sehr unrichtig, und überhaupt zu unvollständig bisher erklärt wor-den ist, gehörig ins Licht zu sezzen, haben wir zuerst die einzelnen Handlungen zu entwikkeln, welche die Zurechnung vorher erfordert.

## Erste Abtheilung.

*Von denjenigen Handlungen, welche bei der An-wendung der peinlichen Gezze der Zurechnung vorhergehen müssen.*

## §. 557.

Die Entscheidung, ob ein peinliches Gesez auf einen vorliegenden Fall anwendbar sey, er-fordert, dass zuerst die That des Verbrechens an sich gesezt, und zweitens ein Subjekt als Urheber desselben unter jenes subsumiret werde. Diese beiden Haupthandlungen begreifen alle übrig ein sich.

## §. 358.

Das Ereigniss und das Bekanntwerden einer unrechtmässigen That wird bei dieser Untersuchung nothwendig vorausgesezt, da sie ausserdem nicht in Anregung kommen kann.

## §. 359.

Tritt nun aber dieser Fall ein, so sind zuerst die mittelbaren und unmittelbaren Wirkungen und alle Umstände der Handlung nach dem Maasstabe der objectiven Grösse eines Verbrechens auf das genaueste aufzusuchen und zu prüfen, damit bestimmt werden könne, ob sie in einem peinlichen Gesezze verboten sey, und zu welcher Art der Verbrechen sie gehöre.

## §. 360.

Ist man darüber einverstanden, so kommen zweitens die Grade der Ausführung jener Handlung in Betrachtung. Es muss nämlich noch weiter untersucht werden, in welchem Umfange dieselbe vorhanden sey, da von dem Gesezgeber bei jeder Strafbestimmung eine gewisse Grösse desselben angenommen, und in dem Gesezze selbst beschrieben wird.

Die Gegenstände dieser beiden Handlungen werden in der Sprache der Criminalisten zusammen das *Corpus delicti* genannt.

## §. 361.

Offenbaret sich nun in dem gegenwärtigen
Falle die Uebertretung eines gewissen peinlichen
Geseczes, so erfolgt die dritte Handlung, welche
die Zurechnung voraussezt. Es wird ein Subject
aufgesucht, durch dessen Kräfte jene entsand.

## §. 362.

Hat man endlich auch ein solches entdekket,
so ist noch zulezt viertens auf das Verhältnis
seiner Gesinnung zu der That Rüksicht zu nehmen, und zu untersuchen, ob es sich dazu
selbst bestimmte, und dessen freie Entschliessung an der Hervorbringung derselben irgend
einen Antheil hatte, oder ob es blos als Mittel
dazu diente. *Denn nur in jenem Falle wird der
Wille, dergleichen unerlaubte Handlungen zu
unternehmen, geäussert, auf dessen Abände-
rung die Strafgesezze allein abzwekken.*

Das ist der einzige Grund, warum zu jedem Verbrechen Vorsaz in dem allgemeinen Sinne des Worts, oder
Freiheit des Willens erfordert wird, und welcher bisher
ganz übergangen wurde, indem man auch den Saz,
ein Verbrechen müsse Dolo oder Culpa begangen worden seyn, wenn es solle zugerechnet und bestraft werden können, so wie viele andere, als ein Dogma fidei
iuridicae, wobei man etwas zu denken, nicht nöthig
habe, von Zeit zu Zeit aus einem Systeme in das andere
übertrug.

# Zwote Abtheilung.

*Von der Handlung der Zurechnung selbst.*

---

## Erste Unterabtheilung.

*Von dem Begriffe derselben.*

---

### §. 363.

Das Resultat der lezten Untersuchung enthält nun die Gründe, ob die Handlung der Zurechnung den vorhergehenden Handlungen noch nachfolgen könne und müsse, oder nicht. Bestehet dasselbe darinne, dass durch die freie Entschliessung des Subjekts das Verbrechen hervorgebracht worden sey, oder diese wenigstens an dessen Entstehung einen Antheil habe, so wird das Urtheil selbst die Zurechnung genennt. Ist der Erfolg der Untersuchung aber nicht von der Art, so sagt man, das Verbrechen könne nicht zugerechnet werden.

### §. 364.

*Die bürgerliche Zurechnung der Verbrechen ist also in dem entferntesten Sinne: ein Urtheil, dass Jemand zu ihrer Entstehung sich selbst bestimmt habe.*

Ein solches Subjekt wird im weitesten Sinne des Worts Urheber genennt.

## §. 365.

Da nun die selbstthätige Bestimmung dazu blos deswegen die einzige Bedingung der Anwendbarkeit eines peinlichen Gesezzes ist, weil ausserdem ein gesezwidriger Wille nicht geäussert wird, den die Strafgesezze, und insbesondere die peinlichen Gesezze voraussezzen, so kann man auch sagen, *die Zurechnung eines Verbrechens sey ein Urtheil, dass derjenige, durch welchen jenes entstand, dabei einen gesezwidrigen Willen geäussert habe.*

## §. 366.

Da ferner allein deswegen wieder auf die Aeusserung des gesezwidrigen Willens gesehen werden muss, weil dadurch die Wahrscheinlichkeit entstehet, es werde derselbe auch in Erfüllung gehen, man habe ein Verbrechen zubefürchten, und die geäusserte Gessinnung des Subjekts sey also dem Staate gefährlich, so würde noch näher der Begriff der Zurechnung eben so richtig durch *das Urtheil, es habe derjenige, durch welchen ein Verbrechen entstand, eine gefährliche Gessinnung geäussert,* ausgedrükt werden können.

## §. 367.

Da drittens die geäusserte gefährliche Gessinnung eines Delinquenten das Wesen der bürgerlichen Immoralität der Verbrechen ausmacht, so haben wir die Zurechnung wieder näher durch das *Urtheil, es komme der Handlung eines Verbrechens, Immoralität zu*, auch richtig bestimmt. §. 352.

## §. 368.

Und da man endlich die gefährliche Gesinnung, oder die äussere Immoralität eines Verbrechers, nur aus der Ursache bei der Anwendung der peinlichen Gesezze in Betrachtung ziehet, weil allein unter dieser Eigenschaft des Thäters die Strafbestimmung einen Zwek haben, und ihre Vollziehung nöthig werden kann, so ist der nächste Begriff der Zurechnung: *das Urtheil, es sey ein peinliches Gesez auf denjenigen anwendbar, durch welchen ein Verbrechen entstand.*

Der Vordersaz ist aus dem Begriffe des Strafrechts und der Strafgesezze zu erklären.

## Zwote Unterabtheilung.

*Von den Eintheilungen der Zurechnung.*

## §. 369.

Die Selbstbestimmung, welche den ersten Grund der Zurechnung ausmacht §. 364. und in dem vorhergehenden Abschnitte Vorsaz im allgemeinen genennt wurde, §. 263. war entweder die ursprüngliche oder die blos theilnehmende. §. 265. Diese Verschiedenheit begründet zuerst eine sehr wichtige Eintheilung

der Zurechnung, deren Bestimmung und Aus-
einandersezzung die Criminalisten theils gar nicht
bekümmert, theils zu verschiedenen Meinungen
veranlasst hat.

### §. 370.

Sie ist in dieser Rüksicht ebenfals entweder *die Zurechnung der ursprünglichen* oder *der
theilnehmenden Bestimmung*, je nachdem der
Delinquent, von welchem die Rede ist, unter
mehrern sich zuerst zu dem begangenen Verbrechen, oder zur gemeinschaftlichen Ausführung des von einem Andern schon beschlossenen
Verbrechens bestimmte.

### §. 371.

Ein Delinquent der ersten Art heisst bei
der Zurechnung der *Anführer* oder auch *Urheber in dem engen Sinne des Worts.* Die übrigen sind *Theilnehmer* in der weiten Bedeutung.

### §. 372.

Die Zurechnung der theilnehmenden Bestimmung leidet wieder eine Unterabtheilung. Sie
betrift entweder das Verbrechen überhaupt, oder
blos die Mittel zu dessen Ausführung. Daher
theilen wir jene noch in die *unmittelbare* und
*mittelbare* ein.

### §. 373.

Derjenige, welcher sich überhaupt, und also
sowohl zur That des Verbrechens, als zur Her-

vorbringung der Mittel desselben bestimmt, wird auch *Urheber in dem weiten Sinne* genennt, und von diesem ein *Gehülfe*, *Helfer*, *Helfershelfer* und *Theilnehmer* in dem engen Sinne (*Socius*) unterschieden, welcher sich blos bestimmte, als Mittel zur mehrern oder wenigern Ausführung eines Verbrechens zu dienen.

Vergl. *I. Fr. Eisenhart* in der Disp. de vera criminis socii notione Helmst. 1750. *Steltzer* in s. Lehrbuche des teutschen Criminalrechts, §. 134. u. f. und *G. C. Gebauer* in der Disp. de imputatione Facti alieni circa delicta, Goett. 1755.

### §. 374.

Mehrere Urheber, wenn sie sich zur gemeinschaftlichen Ausführung eines und ebendesselben Verbrechens bestimmten, machen eine *Verschwörung*, *Complot*, *Rotte* und *Bande* aus.

Vergl. *Quistorp* in den Grunds. des teutschen peinl. Rechts §. 54. und *Kleinschrod* in s. systematischen Entwikkelung der Grundbegriffe und Grundwahrheiten des peinl. Rechts, 1. Th. §. 177.-180.

### §. 375.

Die Bestimmung zu dem gemeinschaftlichen Unternehmen eines Verbrechens kann durch

a) *Auftrag*
b) *Befehl*
c) *Leistung eines unentbehrlichen Beistandes* und
d) *Verführung* veranlasst werden.

Siehe Kleinschrod a. a. O. §. 182 - 196.

### §. 376.

a) Bei dem Auftrage ist der Mandans Anführer
oder Urheber im engen Sinne, und der Man-
datarius im weiten. Beide bestimmen sich
zur That des Verbrechens, dieser aber über-
nimmt nur die Ausführung desselben allein,
entweder unentgeltlich, oder für eine gewisse
Vergütung.

### §. 377.

Der Auftrag muss aber ein ausdrüklicher
seyn, und von *einem blossen Wunsche* und *der
Billigung* unterschieden werden, welche hierher nicht gehören, sondern blos bei den Gehülfen vorkommen.

Vergl. *Westphal* in der Disp. de consortibus et adiu-
toribus criminum eorumque poena et noxa secundum leges Germaniae criminales generatim, Halae, 1760.

### §. 378.

Auch wird noch bei dem Auftrage, wenn
er die Wirkung haben soll, erfordert, dass er
die wirkende Ursache des Verbrechens war, dass
dessen Grenzen nicht willkührlich überschritten
wurden, oder wenigstens ihre Ueberschreitung
nicht unwahrscheinlich bevorstand, und dass der
Mandans denselben vor der That nicht wieder
zurükgenommen hatte.

*Lynker* in der Disp. de mandato rei turpis, Ienae,
1699. *Stryck* in der Disp. de mandato delinquendi,
Franc. 1690. *Quistorp* a. a. O. §. 59. und *Püttmann*

in der Prolus. *de excessu eius, cui aut verberatio aut vulneratio alicuius mandata est, mandanti non imputando* 1777. in *s.* Opus. iur. crim. S. 1.

Wahrscheinlich grössere Wirkungen des Auftrags, als der Mandans dabei beabsichtiget hatte, gehören als verschuldete Vergehungen in dessen Wirkungskreis.

### §. 379.

Ein nicht befolgter Auftrag ist ganz nach den Regeln von dem Versuche zu beurtheilen. §. 327 - 330.

*Filangieri* gehet ohnstreitig zu weit, wenn er in dem System der Geseczgeb. B. 4. S. 268. auch einen Auftrag, der nicht in Erfüllung gieng, zu den vollbrachten Verbrechen zählet.

### §. 380.

b) Eben diese Verhältnisse finden auch zwischen dem, der Befehle zu einem Verbrechen ertheilt, und dem statt, der denselben *mit Freiheit* befolgt. Stand die Nichtbefolgung des Befehls gar nicht in der Willkühr des Leztern, so ist er als blosses Mittel zu betrachten.

*Püttmann* in den Prolus. *an et quatenus iussio eum, qui paret, a poena excuset, eamve minuat,* 1785. in *s.* Opus. iur. crim. S. 197.

### §. 381.

c) Die Hülfe, welche ein Theilnehmer bei dem von einem Andern beabsichtigten Verbrechen leistet, ist entweder die einzige Bedingung, unter welcher dieser dasselbe ausführen konnte, oder sie erleichtert blos das Unternehmen. In dem ersten Falle wird der Theilnehmer zugleich Urheber des Verbrechens, da, sobald er der Unentbehrlichkeit seiner Hülfe sich ganz bewust war, die Selbstbestimmung dazu, ohne die Bestimmung zu dem Verbrechen selbst überhaupt nicht denkbar ist.

### §. 382.

d) Gewöhnlich begründet die Verführung eine Gemeinschaft oder Verbindung mehrerer Urheber, da Jemand den Andern durch Schilderung der von einem Verbrechen zu hoffenden Vortheile, sinnliche Anreizungen, Erwekkung solcher Leidenschaften, die dazu veranlassen, Bitten und Aufmunterung bewegt, sich zu einem Verbrechen zu bestimmen. Der Verführer ist als Anführer, und der Verführte als Miturheber zu betrachten. Und dadurch, dass jener ausserdem wenigen oder gar keinen thätigen Antheil an der wirklichen Ausführung der Handlung nimmt, wird dieses Verhältniss nicht verändert.

### §. 383.

Von der theilnehmenden Bestimmung, als Mittel zur Ausführung eines Verbrechens zu dienen, braucht man das Wort: *Theilnahme* wieder im engen Sinne, so wie §. 373. die Benennung, Theilnehmer, vorgekommen ist. (Concursus). Diese ereiget sich auf mancherlei Art. Ihre Unterschiede kommen bei den Graden der Zurechnung in Betrachtung, und es ist daher nöthig, sie genauer zu entwikkeln.

### §. 384.

Die Theilnahme gründet sich a) entweder auf einem besondern, dieserhalb mit dem Urheber eines Verbrechens vor der Unternehmung desselben eingegangenen Vertrage, oder sie entstehet während und nach der That zufällig. Wir theilen sie in dieser Rüksicht in *die vor der That verabredete* und *die zufällig sich ereignete*, ein.

### §. 385.

Die Theilnehmer der ersten Art wollen wir *gleiche* (socios aequales), und die der zweiten Art *ungleiche* (inaequales) nennen, da jene in der Regel mit den Urhebern in eine Classe gestellt werden.

Gewöhnlich verstehet man auch unter den gleichen Theilnehmern die eigentlichen Urheber. S. *Püttmann* in s. Element. jur. crim. §. 50. und *Erhard* in dem Handbuche des Churs. peinl. Rechts §. 95.

### §. 386.

Ferner ist b) die Theilnahme entweder *die unentbehrliche* oder *die entbehrliche*, da der Urheber das Verbrechen in Ermangelung derselben

schlechterdings nicht hätte zu Stande bringen
können, oder dasselbe auch ohne jene vor sich
gegangen seyn würde.

*Stelzer* bedient sich a. a. O. von dieser Eintheilung der
Ausdrükke: Haupt- und Nebenhülfe. §. 138. Auch wird
sie concursus plenus und minus plenus genannt. *Quistorp*
a. a. O. §. 55.

## §. 387.

Diejenigen Theilnehmer aber, welche eine
unentbehrliche Hülfe leisten, sind dann auch
zugleich als Urheber des Verbrechens anzusehen,
wenn sie der Unentbehrlichkeit ihrer Hülfslei-
stung sich bewust waren, so wie schon §. 381.
gezeigt worden ist.

## §. 388.

Auch bestehet die Theilnahme c) theils in
*einem thätigen Beistande bei der Handlung eines
Verbrechens*, theils *in einer blossen Begünstigung desselben.* Man unterscheidet daher ebenfalls die Theilnehmer in eigentliche und blosse
Begünstiger (*Fauctores delicti.*)

## §. 389.

Die Theilnahme durch thätigen Beistand
ist wieder aa) in die *allgemeine*, und *besondere*
einzutheilen, je nachdem die Hülfleistung auf
die ganze Handlung des Verbrechens, oder nur
auf einzelne Theile derselben gerichtet ist.

*Koch* in den Institut. jur. crim. §. 45. und *Stelzer* a. a. O. §. 157.

## §. 390.

Sie wird ferner bb) sowohl bei den Vorbereitungen, als auch zunächst bei der Haupthandlung des Verbrechens angetroffen, und so ist mithin auch *die Theilnahme des thätigen Beistandes vor* und *während der That* zu unterscheiden.

## §. 391.

Was die Theilnahme des thätigen Beistandes vor der That betrifft, so kommt dieser aaa) entweder als ein *blos geistiger* oder bbb) *auch zugleich als ein körperlicher* oder *physischer* vor. Jener wird durch die Ertheilung eines Rathes zu dem Verbrechen, und dieser durch die Herbeischaffung und Darreichung der Werkzeuge dazu bewirkt.

## §. 392.

Den Rath zu einem Verbrechen theilt man in *den allgemeinen* oder *einfachen*, und in den *besondern*, oder *instructiven* ein, je nachdem man dem Urheber entweder nur im allgemeinen erklärt, man halte seine Gründe dazu für zureichend, oder auch noch ausserdem ihm die Mittel an die Hand giebt, wie jenes auszuführen sey.

8. *Quistorp* a. a. O. §. 60. und *J. Vlr. Cramer* in der Abhandlung de consilio malo consultatori pessimo, Marb.

1740. Uebersezt von *G. B. Daermann*, Frankfurt und Leipzig 1741.

### §. 393.

Daher ist die Theilnahme des blos geistigen Beistandes wieder

aaaa) theils *die des allgemeinen*

bbbb) theils *die des instructiven Rathes.*

### §. 394.

Die Theilnahme des thätigen Beistandes während der That ereignet sich nach Unterschied der Fälle sehr verschieden durch jede Art einer hüflichen Handleistung. Z. B. Wachestehen.

### §. 395.

Auf ähnliche Arten kann man sich auch der Theilnahme, durch Begünstigung eines Verbrechens schuldig machen. Diese ist aa) entweder *die vorhergehende*, oder bb) *die nachfolgende.* Jene geschiehet durch unterlassene Verhinderung eines Verbrechens, in soferne eine Zwangspflicht dazu vorhanden war, sie in Jemandes Kräften stand, und eine eigene Gefahr damit nicht verbunden war.

### §. 396.

Die erste Bedingung der Pflicht tritt ein, und dieselbe wird in einzelnen Fällen theils durch ausdrükliche Gesezze, theils durch gewisse Verhältnisse stillschweigend begründet.

Mehrere Beispiele von den beiden Entstehungsgründen der Pflicht hat *Quistorp* a. a. O. bemerkt §. 61. u. f. *Plütt-mann* in der Disp. de crimine conniventiae, 1781. in seinen Opusc. jur. crim. S. 53. Einige Criminalisten nehmen die Verbindlichkeit im Allgemeinen an, so dass durch deren Verlezzung eine Theilnahme entstehe. Diese Meinung ist aber ungegründet, da blos eine unvollkommene Pflicht, andere vor Verlezzungen zu schüzzen, uns verbindet. Vergl. *Globig* und *Huster* in der Preisschrift, S. 150. *Wieland* in dem Geiste der peinl. Gesezze §. 376. u. f. und *Leyser*, in den Medit. ad Pand. sp. 113. m. 4 — 8.

### §. 397.

Die Hinderung selbst aber wird bewirkt durch eine gerichtliche Anzeige, oder durch unmittelbaren Widerstand. Lezterer ist in Chursachsen in Ansehung der Selbstmörder ausdrüklich anbefohlen.

S. Mand. die Rettung derer im Wasser verunglükten Personen betr. v. 26. Sept. 1773. §. 3.

### §. 398.

Ein schon vollbrachtes Verbrechen kann noch nachher mehrere oder wenigere schädliche oder wenigstens gefährliche mittelbare Wirkungen oder Folgen haben. Die Vermehrung oder die unterlassene Unterdrükkung derselben macht die nachfolgende Begünstigung aus. Man kann also derselben sich wieder positiv und negativ schuldig machen.

I 2

## §. 399.

Jenes ereignet sich durch Aufnehmen und Verbergen eines Delinquenten und seiner Sachen, oder durch unmittelbare Ausbreitung der Folgen eines Verbrechens. Z. B. die Bekanntmachung eines gefundenen Pasquills.

S. *Püttmann* in der Disp. de receptationibus in s. Advers. jur. univers. B. 2. S. 219. und *Quistorp* a. a. O. §. 58. Zur gerichtlichen Anzeige eines schon begangenen Verbrechens giebt es im Allgemeinen auch keine vollkommene bürgerliche Pflicht, wenn nicht die Gesezze oder besondere Verhältnisse selbige auflegen.

## §. 400.

Dieses trägt sich in den Fällen zu, wo uns, so wie in Ansehung der bevorstehenden Verbrechen, §. 395. und 396. ausdrükliche Gesezze, oder besondere Verhältnisse vollkommen verbinden, ein begangenes Verbrechen entweder zur Untersuchung und Bestrafung anzuzeigen, (z. B. die Gotteslästerung) oder derselben uns selbst zu unterziehen. Z. B. obrigkeitliche und andere, eine ähnliche Pflicht auf sich habende Personen.

S. die P. G. O. Kaisers Carl 5. Art. 150. *P. Risi* in s. Animadvers. ad criminal. jurispr. pertinent. de noxis impunitatis, Mediolan. 1768. und Jen. 1770. Cap. 2. und *Püttmann* in der angef. Disp. de crimine conniventiae.

## §. 401.

Ein zweiter Hauptunterschied äusserte sich bei der Selbstbestimmung zu einem Verbrechen in dem Vorsazze und der Schuld. Es wird daher füglich die Zurechnung sowohl der ursprünglichen, als der theilnehmenden Bestimmung noch in *die des Vorsazzes* und in *die der Schuld* eingetheilet.

### §. 402.

Von den sonst gewöhnlichen Eintheilungen der Zurechnung kann hier kein Gebrauch gemacht werden. Die Eintheilung derselben in *die der That*, und in *die der Schuld*, je nachdem man blos auf die Zurechnungsfähigkeit, oder den schon vorhandenen Unwerth einer Handlung Rüksicht nimmt, ist wohl der moralischen, aber nicht der bürgerlichen Zurechnung angemessen, welche die Fähigkeit einer freien Willenshandlung schon voraussezt.

Vergl. *Schmid* in s. Versuche einer Moralphilosophie, §. 371, u. f. und in dem Grundrisse derselben §. 127.

### §. 403.

Eben so wenig findet hier die Eintheilung in *die Zurechnung der That*, und *der daraus fliessenden Rechte und Verbindlichkeiten* (Imputatio facti et juris) statt. Denn ob man gleich in dem gemeinen Leben das Urtheil, es sey Jemand die wirkende Ursache einer Verlezzung, welches unter jener verstanden wird, oft auch Zurechnung nennt, ohne auf selbstthätige Bestimmung desselben zu sehen; so ist die Benennung doch dem angegebenen Begriffe derselben zuwider, und auf die Art sehr uneigentlich gebraucht, da diese ohne Immoralität nicht gedacht werden kann.

Das Urtheil, ob durch ein gewisses Subject eine unerlaubte Handlung ·entstanden, gehört vielmehr zu denjenigen Handlungen, welche bei der gesezlichen Anwendung der Zurechnung vorhergehen müssen.

> Diese Eintheilung nimmt *Steltzer* in s. Lehrbuche des deutschen Criminalrechts an, Halle 1793. §. 195. Wollte man z. B. die Behauptung, dass ein Arbeitsmann ohne sein Verschulden von dem Dache eines Gebäudes gefallen, und einen Vorbeigehenden erschlagen habe, Zurechnung nennen, so müsste man den Ausdruk auch von den übrigen Handlungen brauchen, welche dieser vorhergehen.

### Dritte Unterabtheilung.

*Von den Graden der Zurechnung.*

A) *Nach allgemeinen Grundsäzzen.*

1) In Ansehung der ursprünglichen Bestimmung zu einem Verbrechen.

### §. 404.

Die Zurechnung der Verbrechen gründete sich auf Selbstbestimmung zu einer solchen That, auf Aeusserung dieser freien Willenshandlung, und mithin auf eine geäusserte gefährliche Gesinnung des Delinquenten. Ohne die Entdekkung lässt sich dieselbe, vermöge des Zwekkes der peinlichen Gesezze, gar nicht denken. §. 362.

## §. 405.

Da nun aber die Gefährlichkeit der von einem Delinquenten geäusserten Gesinnung grösser und kleiner seyn kann, so giebt es auch eben so verschiedene Grade der Zurechnung. Es wird ein Verbrechen mehr oder weniger zugerechnet, heisst mithin nichts anders, als man urtheilt, dass dabei eine mehr oder weniger gefährliche Gesinnung geäussert worden, und dass also der Urheber mehr oder weniger die in dem übertretenen Gesezze vorgeschriebenen Sicherheitsmittel, und dessen Anwendung nöthig mache.

## §. 406.

So wie nun ferner die Immoralität der Verbrechen überhaupt der Bestimmungsgrund der Zurechnung in dem peinlichen Gerichte ist, so haben wir auch die Grösse der Immoralität als die Bestimmungsregel der einzelnen Grade der Zurechnung anzusehen.

## §. 407.

Jene hatte zum Maasstabe das Verhältniss des geäusserten geseczwidrigen Willens zur Erfüllung desselben in Beziehung auf die Gesinnung

des Handelnden. Wer daher die Grade der Zurechnung beurtheilen will, der muss dieses Verhältniss bestimmen.

### §. 408.

Diese Bestimmung, oder die Entscheidung
der mehr oder weniger wahrscheinlichen Erfüllung des geäusserten geseczwidrigen Willens be-
ruhete wieder auf der Grösse des zu erkennen
gegebenen Mangels an Achtung gegen die bürgerlichen Gesezze. §. 239.

### §. 409.

Und dieser Mangel wurde wieder erkennbar a) durch die Bestimmungsart zu einem Verbrechen in Ansehung der Grösse der dabei genossenen
nen Freiheit, der dadurch verlezten Verbindlichkeit und der ihr entgegenstehenden Hindernisse;
b) durch die Triebfedern, je nachdem diese an
sich erlaubt, oder mehr und weniger ebenfalls
unerlaubt sind, und c) durch die Art und die
Grade der schon geschehenen Ausführung des
entstandenen Willens. §. 240. u. ff.

### §. 410.

Auf diese Merkmale der grössern oder kleinern Wahrscheinlichkeit, dass der durch ein
Verbrechen geäusserte geseczwidrige Wille in Erfüllung gehe, gründen sich nun drei Hauptregeln,
denen wieder viele andere untergeordnet sind.

## §. 411.

Die erste Hauptregel ist:

A) *Je freier, je pflichtwidriger und mit je kleinerer moralischen Thätigkeit sich der Delinquent zu einem Verbrechen bestimmte, desto mehr ist ihm dieses zuzurechnen.*

## §. 412.

Jeder der drei Säzze in dieser Hauptregel bildet wieder mehrere untergeordnete Regeln. Aus dem ersten Sazze derselben

a) *Mit je grösserer Freiheit sich Jemand zu einem Verbrechen bestimmte, desto grösser ist dessen Zurechnung,* §. 302. — 309.

ergeben sich folgende Regeln:

aa) Je vollkommner das Bewustseyn — der Handlung an sich selbst — des dadurch übertretenen peinlichen Gesezzes — und ihrer Beziehung zu einander — oder: je mehr sich Jemand der zu erfolgenden natürlichen und positiven Wirkungen der Handlung bewust war, desto mehr ist das Verbrechen zuzurechnen.

Vergl. §. 242. — 256.

## §. 413.

bb) Jemehr der Delinquent die Handlung in Ansehung

aaa) des Verhältnisses seiner Bestimmung
mit dem bei derselben beabsichtigten
Zwekke, und

bbb) des Verhältnisses (dieses beabsichtigten Zwekkes mit den natürlichen und
positiven Wirkungen —

überlegt hatte, desto mehr ist das Verbrechen ihm zuzurechnen.

Vergl. §. 257. — 260.

### §. 414.

cc) Je selbstthätiger der Delinquent bei dem
Akte der freien Willenshandlung selbst,
oder bei der Bestimmung zu dem Verbrechen gewesen war, desto mehr ist dasselbe ihm zuzurechnen.

### §. 415.

Daraus folgt, dass

aaa) der ursprüngliche Vorsaz mehr, als
der bloss theilnehmende,

bbb) der vorhergehende Vorsaz mehr, als
der nachfolgende, und

ccc) der ununterbrochene Vorsaz mehr,
als der unterbrochene entweder anfangende, oder ausführende

zugerechnet werden muss.

Vergl. §. 261. — 268.

### §. 416.

Nach dem zweiten Sazze der ersten Hauptregel:

b) *Je grösser die Verbindlichkeit ist, welche
durch ein Verbrechen verlezt wurde, desto
grösser ist dessen Zurechnung*, §. 313. u. f.
sind noch folgende Regeln zu bestimmen:

aa) Je mehrere Rechte von einem Delinquenten auf einmal verlezt wurden —
nicht nur in den öffentlichen, — sondern
auch in den Privatverhältnissen — desto
mehr ist ihm das Verbrechen zuzurechnen

Vergl. §. 302. — 312. und 206. — 220.

### §. 417.

bb) Je wichtiger die durch ein Verbrechen
gestörten Rechte, und daher
aaa) je unentbehrlicher, und
bbb) je unersezlicher,
dieselben sind, destomehr muss dasselbe zugerechnet werden.

Vergl. §. 309. und §. 205. — 220.

### §. 418.

cc) Je gewisser nach der Ueberzeugung des
Delinquenten aus der Handlung eines
Verbrechens eine Verlezzung bevorstand,
desto mehr ist dasselbe ihm zuzurechnen.

daraus folgt, dass

aaa) der Vorsaz in dem besondern Sinne mehr, als die Schuld,

und von dieser wieder

bbb) die nahe mehr, als die entfernte,

ccc) die grösste mehr, als die mittlere, und

ddd) die mittlere mehr, als die kleinste

zugerechnet werden müsse.

Vergl. §. 204. — 219, und 268 — 288.

### §. 419.

dd) Je heftiger die Verlezzung, oder je grösser der Grad derselben von einem Delinquenten bewirkt wurde, desto mehr ist das Verbrechen ihm zuzurechnen.

Es kann z. B. Jemandes Gesundheit mehr und weniger geschadet, oder ihm mehr und weniger von seinen Sachen entwendet werden.

### §. 420.

Aus dem dritten Sazze der ersten Hauptregel:

c) *Je kleiner die moralische Thätigkeit war, ein Verbrechen zu unterlassen, desto grösser ist dessen Zurechnung,*

entstehen endlich auch noch diese Regeln:

aa) Je wenigere und kleinere innere Hindernisse der Selbstbestimmung zur Unterlassung eines Verbrechens entgegen waren und mithin,

aaa) je kleiner die Anzahl der sinnlichen
Triebe zu dem Verbrechen war, und

bbb) je weniger heftig dieselben wirk‑
ten, da

aaaa) keine Leidenschaften, die sich
auf Temperament gründen,

bbbb) keine unvermuthete Gelegenheit,

cccc) keine Gewohnheit, und

dddd) keine unangenehme, sondern
blos angenehme Vorstellungen

den Delinquenten dazu anreizten, desto mehr ist
ihm dasselbe zuzurechnen.

Vergl. §. 315. — 317.

### §. 421.

bb) Je mehrere und grössere äussere Hinder‑
nisse der Delinquent bei der Erfüllung des
entstandenen gesezwidrigen Willens, oder
bei der Ausübung eines Verbrechens über‑
winden musste, desto mehr ist ihm das‑
selbe zuzurechnen.

Vergl. §. 318.

### §. 422.

Die zweite Hauptregel ist:

B) *Je gesezwidriger die Triebfedern des Delin‑
quenten zu einem Verbrechen waren, desto
mehr ist ihm dasselbe zuzurechnen.*

### §. 422.

Aus dieser Regel ergeben sich noch folgende untergeordnete :

a) Ein Verbrechen, dessen Triebfedern an sich auch unerlaubt waren, ist mehr zuzurechnen, als dasjenige, dessen Triebfedern an sich erlaubt waren,

b) Jemehr die Gesezwidrigkeit der Triebfedern eines Verbrechens die Gesezwidrigkeit der äussern That übersteigt, desto mehr muss dasselbe zügerechnet werden.

Vergl. §. 319. — 324.

### §. 424.

Die dritte Hauptregel ist :

C) *Je öffentlicher und vollkommener der Delinquent die Handlung eines Verbrechens ausführte, desto mehr ist ihm dasselbe zuzurechnen.*

### §. 425.

Die derselben untergeordneten Regeln liegen sogleich vor Augen, nämlich :

a) Je weniger der Delinquent bei der Ausübung des Verbrechens die Augen anderer Menschen scheuete, desto mehr ist ihm dasselbe zuzurechnen.

b) Ein begonnenes (angefangenes) Verbrechen ist mehr, als ein blos vorgehabtes, und

c) Ein vollbrachtes Verbrechen wieder mehr, als ein begonnenes zuzurechnen.

Vergl. 325 - 328.

## §. 426.

d) Je weniger selbstthätig der Delinquent — wegen unüberwindlicher, — oder schwer zu übersteigender, — oder wenigstens veranlassender Hindernisse — sich zur Nichtvollbringung der That in den beiden lezten Fällen bestimmte, desto mehr ist ihm das Verbrechen zuzurechnen.

Vergl. §. 329 - 337.

e) Von den Graden der Zurechnung in Ansehung der theilnehmenden Bestimmung zu einem Verbrechen, oder der Theilnahme.

## §. 427.

Um die Grade der Zurechnung bei der theilnehmenden Bestimmung zu entwikkeln, hat man zuerst die *unmittelbare* Theilnahme von der *mittelbaren* zu unterscheiden. In Ansehung dieser kann dem Gehülfen blos so viel zugerechnet werden, als er zur Ausführung des Verbrechens eines Andern beigetragen hat. Er bestimmte sich nicht zur That des Verbrechens selbst, sondern allein, als Mittel zu der von dem Urheber schon beschlossenen Handlung zu dienen. Darinne liegt nur allein die Gesezwidrigkeit

und das Gefährliche seines geäusserten Willens.
Die That des Verbrechens selbst hat blos in soferne einen Einfluss auf die Theilnahme, als
diese durch die Grösse desselben, objectiv betrachtet, eine grössere oder kleinere Vergehung
wird.

### §. 428.

Zweitens kommt noch besonders die Absicht des Theilnehmers in Betrachtung. In den
Fällen, wo zu dem Begriffe eines Verbrechens
eine gewisse bestimmte Absicht des Handelnden
erfordert wird, concurriren dann bei einer und
eben derselben Handlung auf Seiten des Urhebers und des Theilnehmers zwei verschiedene
Verbrechen, wenn jeder dabei etwas anders beabsichtigte. Unter solchen Umständen macht
sich ein Gehülfe erstlich eines besondern Verbrechens, hernach auch der Theilnahme an der
Vergehung des Andern, als eines gemeinschaftlichen Verbrechens, schuldig.

Z. B. wenn der Theilnehmer bei einem Diebstahle keinen Gewinn beabsichtigte.

### §. 428. a

Ereignet sich dieses, so ist wieder darauf
zu sehen, ob das besondere Verbrechen des Gehülfen eine grössere Vergehung sey, als die dabei zugleich concurrirende Theilnahme, oder ob
ein entgegengeseztes Verhältniss statt finde. Im

ersten Falle wird bei der Bestimmung der Zurechnung vorzüglich auf das besondere Verbrechen des Gehülfen Rüksicht genommen, und nach der Regel: *Delictum maius absorbet minus* verfahren.

## §. 429.

Soll nun aber entschieden werden, ob die Theilnahme an dem Verbrechen eines Andern mehr oder weniger zuzurechnen sey, so kommen die nämlichen Regeln auch hier in Anwendung, welche von der erhöheten Zurechnung der ursprünglichen Bestimmung angeführet worden sind, da ein Theilnehmer in der nämlichen Absicht, und aus den nämlichen Gründen unter die Gesezze subsumiret werden und die Anwendung derselben nöthig machen muss, als der Urheber eines Verbrechens.

In den Lehrbüchern des peinlichen Rechts scheint man bisher darauf nicht besonders Rüksicht genommen zu haben. Einige Criminalisten beeifern sich die verschiedenen Grade der Zurechnung einer Theilnahme besonders zu erörtern, und streiten darüber, da doch die Sache, so bald nur die Regeln der Zurechnung eines Urhebers, und die Begriffe der Theilnahme entschieden sind, nicht die geringsten Schwierigkeiten hat. Am vollständigsten und zugleich sehr richtig handelt *Kleinschrod* davon a. a. O. Th. I. §. 177-206.

## §. 430.

Vor allen Dingen haben wir dabei die bemerkten mancherlei Eintheilungen der Theil-

II.                              K

nahme zu unterscheiden, da schon die Arten,
wie das Verbrechen eines Andern von Jemanden
befördert wird, die Grade der Zurechnung än-
dern. Jede derselben ist schon an sich von den
andern in Ansehung der Zurechnung verschieden.

### §. 431.

Die hier anwendbaren Regeln beziehen sich
zunächst auf die Grösse der Selbsthätigkeit und
der Pflichtwidrigkeit der Bestimmung zu einem
Verbrechen, nach welchen die verschiedenen Arten der Theilnahme mit einander in folgenden
Verhältniss enstehen: Es ist

a) die unmittelbare Theilnahme mehr, als die
   mittelbare; §. 372-382. und was diese betrifft

b) die vorher verabredete mehr, als die näch-
   her zufällig sich ereignete; §. 384.

c) die unentbehrliche mehr, als die entbehrliche; §. 386.

d) die eigentliche Theilnahme mehr, als die
   blosse Begünstigung; §. 388. und in Ansehung jener

e) die allgemeine mehr, als die besondere;
   §. 389.

f) die Theilnahme während der That des Verbrechens mehr, als die nach derselben; §.
   390. und die leztere anlangend

g) die zugleich körperliche und physische mehr,
   als die blos geistige; §. 391.

h) bei der blos geistigen der instructive Rath mehr, als der einfache, §. 392.

i) in Ansehung der Begünstigung ebenfalls die vorhergehende mehr, als die nachfolgende; §. 395.

und endlich

k) bei der nachfolgenden Begünstigung die positive mehr, als die negative; §. 398-400.

zuzurechnen. Uebrigens wird nun jede Art der Theilname wieder für sich allein, nach den allgemeinen Regeln über die Grade der Zurechnung beurtheilt.

# Anhang.

*Bemerkungen über diese allgemeinen Regeln von der Zurechnung der ursprünglichen und theilnehmenden Bestimmung überhaupt.*

### §. 432.

Nach den angegebenen Graden der Zurechnung werden nicht nur einzelne Subjecte, als Verbrecher, unter die natürlichen peinlichen Gesezze subsumiret, und die Anwendung dieser auf jene entschieden, sondern sie begründen auch zugleich die Entstehung der natürlichen Strafbestimmungen selbst. Denn diese sezzen stets die schon geschehenen Verlezzungen voraus, und werden erst bei Eintretung derselben in einzelnen Fällen nach der Grösse der Zurechnung jedesmal besonders formiret. Es lassen sich daher eben so viele und verschiedene natürliche peinliche Geseze denken, als Grade der Zurechnung vorkommen können.

Vergl. *Iacob* in der philosophischen Rechtslehre, Halle, 1795. §. 411.

### §. 433.

Die natürlichen Strafübel werden nach den Regeln von dem natürlichen Schuzrechte abgemessen, und dieses lässt dieselben nur in soferne zu, als die geäusserte gefährliche Gesinnung des Andern sie zur Wiederherstellung unserer Sicher-

heit nothwendig macht, so, dass jedesmal das
möglichst kleinste Uebel, welches diese Wirkung
haben kann und verspricht, zu wählen, und
von diesem, so wie es die Sicherheit erfordert,
immer stufenweise zu einem grössern fortzu-
schreiten ist. Daher war es bei dem allgemeinen Maasstabe der Zurechnung der Natur der
Sache angemessen, dass wir die Grade derselben
von dem kleinern zu den grössern bestimmten.
Ganz anders verhält es sich mit dem positiven
Maasstabe der Zurechnung.

**B)** *Von den Graden der Zurechnung nach den
Chursächsischen Gesezzen.*

### §. 434.

Da die Grade der Zurechnung ganz und gar
nach den Graden der äussern Immoralität zu
beurtheilen sind, und die allgemeinen Grundsäzze von der leztern wieder mit den positiven
Vorschriften darüber auf das genaueste übereinstimmen, so folgt nothwendig, dass die positiven Regeln von der Zurechnung mit den allgemeinen ebenderselben nicht weniger übereinkommen müssen.

### §. 435.

Auch haben die Gesezgeber nur in wenigen
Fällen die Grade der Zurechnung ausdrüklich
festgesezt, und ihre Beurtheilung gröstentheils

dem peinlichen Richter überlassen, welcher also von den allgemeinen Regeln ebenfalls im geringsten nicht abweichen darf, wenn er nicht inconsequent und zwekwidrig verfahren will.

Das Römische Recht leidet hier vorzüglich Anwendung. S. *Quistorp* in s. Beiträgen zur Erläuterung verschiedener mehrentheils unentschiedener Rechtsmaterien S. 837. und *Meister* in der Disp. de usu iuris Romani criminalis in Germaniae foris maxime hodiernis auctoritate, Goett. 1766. Opusc. n. 1.

§. 436.

Die positiven Regeln, welche es davon giebt, sind aber im allgemeinen nicht angegeben, sondern müssen aus den für einzelne Fälle in den positiven peinlichen Gesezzen bestimmten Strafen abgeleitet werden.

§. 457.

In denselben sind die vorzüglichsten Arten der äussern Immoralität zuerst dadurch ausgezeichnet, dass man nach dieser besondere Gattungen von Verbrechen bei den Strafbestimmungen derselben und dem Verfahren in den peinlichen Gerichten darüber unterscheidet. Und dieses ist auch ohnstreitig der Hauptgesichtspunkt, worauf bei der Classification der Verbrechen gesehen werden muss.

§. 438.

Sodann wird zweitens in Ansehung jeder der ausgezeichneten Arten der äussern Immoralität der höchste Grad derselben bei den positiven Strafbestimmungen vorausgesezt.

## §. 439.

Daher beziehen sich die positiven peinlichen Gesezze unter andern gewöhnlich allein auf den Vorsaz im besondern Sinne, und nehmen sehr selten auf die Schuld bei den Verbrechen ausdrüklich Rüksicht.

## §. 440.

Auch kommt die eigentliche Handlung der Schuld nicht sowohl, als vielmehr die daraus wirklich entstandene oder verschuldete Verlezzung erst in Betrachtung. So lange z. B. durch Jemandes Unwissenheit, Unachtsamkeit, Uebereilung und andere Arten der Fahrlässigkeit noch Niemand verlezt worden ist, wird sie so leicht nicht ein Gegenstand der positiven Zurechnung.

## §. 441.

Daraus folgt nun, dass die positiven Grade der Zurechnung eines und ebendesselben Verbrechens in der Regel nicht steigen, sondern, wenn sie verändert werden, gewöhnlich fallen müssen. Ein höherer Grad der Zurechnung, als in den positiven peinlichen Gesezzen angenommen ist, wird blos durch die Wiederholung oder Concurrenz der Verbrechen begründet.

### §. 442.

Dadurch unterscheidet sich nun einzig und allein der positive Maasstab von dem allgemeinen Maasstabe der Zurechnung. Dieser wird nach dem positiven peinlichen Rechte gerade umgekehret. Um nun die Modification der schon angeführten allgemeinen Regeln zu erleichtern, und die von den Gesezgebern geschehene ausdrükliche Bestätigung derselben zu erweisen, dürfte es wohl nöthig seyn, die Grade der Zurechnung auch noch auf diese Art zu entwikeln.

1) In Ansehung der ursprünglichen Bestimmung zu einem Verbrechen.

## *Von der ersten Hauptregel.*

### §. 443.

Diese wird nach den bereits gemachten Bemerkungen hier nun so ausgedrükt: Je weniger frei, je weniger pflichtwidrig und mit je grösserer moralischen Thätigkeit sich der Delinquent zu einem Verbrechen bestimmte, desto weniger leiden unsere positiven Gesezze darauf eine Anwendung, und lassen die Zurechnung desselben zu.

a) Von den Regeln, welche nach dem ersten Sazze derselben zu formiren sind.

§. 444.

aa) Je mangelhafter das Bewustseyn der
Handlung an sich selbst, des dadurch
übertretenen peinlichen Gesezzes und der
Beziehung auf einander ist, desto weniger ist das Verbrechen zuzurechnen.

Diese Regel bestätiget besonders das Chur-
sächsische ᵃ) Römische ᵝ) und Canonische Recht ᵧ).
Nach den Römischen Gesezzen soll zwar auf
die Unwissenheit der Rechte überhaupt nicht
Rüksicht genommen werden ᵟ), es kommen aber
davon viele Ausnahmen vor, auf welche wir uns
hier berufen können ᵉ).

α) Rescript v. 29. Aug. 1775. Vergl. *Wiesand* in s.
Opusc. spec. 11. S. 162.

β) Vergl. die Titel in den Digest. und dem Cod. de
iur. et facti ignorantia.

γ) C. 2. de constitution. in VI.

δ) L. 9. D. und 12. C. de iur. et facti ignor.

ε) L. 4. C. de incest. et inut. nupt. l. 38. §. 7. und l.
38. §. 2. und 4. D. ad l. Iul. de adult. l. 3. §. 9. l. 4.
§. vlt. l. 14. D. de re milit.
Uebrigens ist darüber nachzusehen *Böhmer* in s. Medit.
ad C. C. art. 178 §. 12. *Wernher* P. 5. Obs. 50. *Leyser*
sp. 645. m. 15-17. *Schott* in der Disp. de ignorantia
populi circa poenas earum vim impediente, Lips. 1788.
*Quistorp* in s. Grunds. des deutsch. peinl. Rechts §. 47.-
49. und *Kleinschrod* a. a. O. §. 145.

§. 445.

bb) Je weniger ein Delinquent mit Ueberlegung gehandelt hatte, desto weniger

findet bei ihm die Zurechnung statt. Auch
darüber stimmen die Verordnungen des
Chursächsischen, Deutschen, Canonischen
und Römischen Rechts ausdrüklich übcr-
ein, indem sie, so bald hohes Alter α),
Jugend β), Leidenschaft γ), Trunkenheit δ) eine unvermuthete Veranlassung ε)
und überhaupt Mangel an den Verstan-
deskräften ζ) die Ueberlegung bei der
Handlung des Verbrechens hinderten, dasselbe weniger zurechnen, im Gegentheil aber wegen der Wiederholung eines
Verbrechens η) einen ausserordentlichen
grossen Grad der Ueberlegung annehmen,
und in dem Falle auch die Zurechnung
erhöhen.

α) L. 3. §. 7. ad SCtum Silan. *Carpzov* §. 144. n. 38.
39. und *Quistorp* a. a. O. §. 107.

β) Befehl vom 28. Aug. 1727. in C. A. F. I. S. 250.
*Erhard* in dem Handbuche des Churs. peinl. Rechts §. 85.
*Menken* in s. System. iur. civ. sec. Pand. l. 47. t. 1. n.
14. *Dorn* in d. pract. Comment. über das peinl. Recht.
S. 76. u. ff. P. G. O. C. des 5. Art. 164. und 179. *Carp-*
*zov*, q. 143. n. 38. und *Meister* in den rechtlichen Erkenntnissen und Gutachten in peinlichen Fällen Th. 1.
Dec. 6. L. 1. C. si advers. delict. l. 13. §. 1. de dolo
malo l. 1. §. 32. und l. 14. D. de SCto Silan. Weitläuftiger handelt von den hierher gehörigen Römischen Gesezzen: *Glück* in s. Erläuterung der Pand. §. 130. und
*Kleinschrod* a. a. O. §. 84. 85. und 88.

γ) Duellmandat v. 1712. §. 11. und 16. P. G. O. Art.

137. l. 7. §. vlt. D. ad l. Iul. repetund. l. 5. C. de inj. l. 58. §. 8. D. ad l. Iul. de adult. Nov. 74. c. 4.

*δ*) *Leyser* sp. 597. m. 12. *Erhard* a. a. §. 86. O. der R. A. von 1495. die Reuterbesatllung von 1570. Art. 60. und 107. l. 11. §. 2. D. de poenis. Doch giebt es auch Fälle, in welchen auf die durch Trunkenheit verhinderte Ueberlegung nicht gesehen wird, von denen wir weiter unten in der Lehre von den Milderungsgründen handeln werden.

*ε*) L. 1. §. 1. D. de abig. und *Püttmann* in der Prolus. an et quatenus delinquendi occasio delictum ciusque poenam minuat. §. 178. und in Opusc. iur. crim. P. 89.

*ζ*) *Carpzov* q. 146. n. 46. 49. und 50. *Leyser* sp. 532. m. 9. *Boehmer* ad art. 179. §. 6. und *Hommel* in der Disp. de temperandis poenis ob imbecillitatem intellectus, Lips. 1754.

*η*) Const. El. 27. P. 4. Auch wird nach dem Chursächsischen Gerichtsgebrauche ein wiederholter Diebstahl ohne Rüksicht auf den kleinen Betrag desselben mit Zuchthaus von mehrern Jahren bestraft P. G. O. Art. 162. l. 28. §. 3. de poenis l. 199. de reg. iur. und l. 3. §. 9. D. de re militar.

## §. 446.

cc) Je weniger selbstthätig ein Delinquent bei der Bestimmung zu dem Verbrechen gewesen war, desto weniger wird ihm auch nach den positiven Gesezzen dasselbe zugerechnet. Daher ist die Zurechnung der ursprünglichen *α*), vorhergehenden *β*), und ununterbrochenen Bestimmung *γ*) dazu, grösser, als die der blos theilnehmenden, nachfolgenden und unterbrochenen, blos anfangenden oder blos ausführenden.

α) So werden in dem neuesten Mandatdn wider Tumult und Aufruhr vom 18. Ian. 1791. die Anführer von den Theilnehmern wohl unterschieden. Auch stimmt damit das Deutsche und Canonische Recht überein. S. P. G. O. Art. 177. und Cap. 6. X. de homicid.

β) L. 1. §. 1. D. de abig. *Leyser* sp. 580. m. 10. und *Püttmann* in der angef. Disp. an et quatenus delinquendi occasio delictum eiusque poenam minuat?

γ) Besonders wird in den peinlichen Gerichten die Zurechnung gemindert, wenn ein Mitschuldiger oder Miturheber die Ausführung des Verbrechens durch die gerichtliche Anzeige zu hindern sucht. S. das Mandat wider Tumult und Aufruhr v. 1791. am Ende, Mandat v. 7. Dec. 1715. und den Erklärungs-Befehl v. 25. Nov. 1717. in Ansehung der Diebes- und Räuberbanden. Und was die unterbrochene blos ausführende Bestimmung zu einem Verbrechen betrifft, so gehören hierher die Fälle, wo der Delinquent anfänglich durch äussere Gewalt zur Handlung des Verbrechens genöthiget wurde, nachher aber sich zur Ausführung derselben bestimmte. Dieses kommt unter andern vor, wenn Jemand anfangs mit Gewalt genöthiget worden war, an einer Verschwörung Theil zu nehmen, nachher aber freiwillig ein Mitglied blieb. S. *Püttmann* in s. Prolus. an et quatenus iussio eum, qui paret, a poena excuset, eamue minuat? 1785. in Opusc. iur. cr. S. 196.

## §. 447.

Uebrigens kommen alle positive Gesezze darinne überein, dass in den Fällen, wo die Freiheit in keinem Grade bewiesen werden kann, auch der kleinste Grad der Zurechnung unzulässig sey. Denn jene ist der erste und vorzüglichste Grund der Zurechnung, ohne welche diese gar nicht statt findet. Dieser Saz leidet besonders bei Kindern ⍺) und denjenigen eine Anwendung, die des Gebrauchs ihres Verstandes durch Krankheit β) oder Unmässigkeit γ) ganz beraubt sind, und einer physischen Nothwendigkeit, oder äussern Gewalt ganz wider ihren Willen unterliegen mussten δ).

⍺) *Erhard* a. a. O. §. 85. l. 12. D, ad l. Corn. l. 5. §. 2. ad. l. Aquil. und l. 25. D. de furt.

β) L. 27. §. 29. ad l. Aquil. Doch sind in peinlichen Fällen die Verschwender den Rasenden nicht gleich geachtet. *Quistorp* a. a. O. §. 38.

γ) Vergl. *Dorn* in d. praktischen Commentar über das peinl. Recht, S. 74.

δ) S. *Erhard* a. a. O. §. 91. und die P. G. O. Art. 146.

b) Von den Regeln, welche aus dem zweiten Saze der ersten Hauptregel folgen.

## §. 448.

aa) Je weniger Rechte durch ein Verbrechen theils in den öffentlichen, theils in den Privatverhältnissen auf einmal verlezt werden, desto kleiner ist die positive Zurechnung. Nach dieser Regel haben die Gesezgeber sogar einige Handlungen vor andern ähnlichen, als besondere Verbrechen ausgezeichnet ⍺) und bei andern wenigstens eine grössere oder kleincre Zurechnung angenommen β).

α) Die Beispiele davon sind sehr häufig. Man unterscheidet in dieser Rüksicht den gefährlichen Diebstahl und das Feueranlegen von der gemeinen Entwendung einer Sache. Und in Ansehung der Privatverhältnisse gründet sich der Unterschied zwischen der Entwendung einer bei Feuersgefahr aus den Wohnungen geräumten Sache von dem gemeinen Diebstahle, und besonders zwischen dem Morde der nächsten Verwandten und dem einfachen Todschlage.

β) Z. B. bei Vergehungen gegen personas sanctas oder an locis sanctis. S. das Duellmandat v. 1712. ferner die P. G. O. Art. 172. l. 9. Inst. de inj. und *Quistorp* a. a. O. §. 64.

### §. 449.

bb) Je unwichtiger die durch ein Verbrechen gestörten Rechte sind, da sie entweder leicht entbehret, oder wenigstens leicht ersezt werden können, desto weniger rechnet man in den peinlichen Gerichten dasselbe zu. Diese Regel hat eben die Folgen, wie die zunächst vorhergehende.

Daher werden bei uns die Verbrechen wider das Recht auf den Gebrauch der Sachen und die wider das Recht auf Gesundheit und Leben sehr unterschieden.

### §. 450.

cc) Je ungewisser nach der Ueberzeugung des Delinquenten von seinem Unternehmen ein Verbrechen zu erwarten ist, eine desto kleinere Zurechnung nimmt man an. Daher wird Schuld weniger,

als Vorsaz, und bei jener die mittlere
weniger, als die grosse, und die kleinste
am allerwenigsten in unsern Gesezzen zugerechnet.

In peinlichen Fällen wird also die gröste Schuld dem
Vorsazze nicht gleich geachtet. L. 7. D. ad l. Corn. de
sicar. und P. G. O. Art. 134. Auch bei geringfügigen Verbrechen darf diese Regel nicht verändert werden. Denn
sollte die Zurechnung der kleinsten vorsäzlichen Verbrechen, objectiv betrachtet auch noch so klein seyn, so muss
sie schlechterdings noch mehr verringert werden, wenn
die kleinsten Verbrechen blos mit Schuld begangen worden sind. Der entgegengesezten Meinung ist Ioh. *van
de Water* in s. Obs. iur. Rom. I. 16. *Püttmann* in s.
Element. iur. crim. §. 25. und *Quistorp* a. a. O. §. 36.
zugethan.

### §. 451.

dd) In je kleinerm Grade die in einem Verbrechen enthaltene Verlezzung ausgeführet wurde, desto weniger wird dieselbe
zugerechnet. Diese Abstufung der Zurechnung äussert sich in den Gesezzen
besonders bei Verlezzungen der Gesundheit, der Ehre und des Eigenthums.

Die Unterschiede zwischen groben und kleinen Iniurien,
schweren und leichten Wunden und dem grossen und
kleinen Diebstahle sind zu bekannt und auffallend, als
dass wir uns dabei aufhalten sollten.

c) Von den Regeln, welche aus dem dritten
Sazze der ersten Hauptregel abzuleiten sind.

§. 452.

aa) Je mehrere und grössere innere Hindernisse der Bestimmung zur Unterlassung
eines Verbrechens entgegen, und je grösser also die Menge und die Wirksamkeit
der sinnlichen Antriebe dazu waren, da
in dem lezten Falle heftige Leidenschaften α), wenn sie besonders auf dem Temperamente beruhten, oder eine anreizen-
de Gelegenheit β), oder Gewohnheit γ),
oder sehr unangenehme Vorstellungen δ)
dabei wirkten, einen desto kleineren Grad
der Zurechnung lassen die positiven Gesezze zu.

α) Vergl. das Duellmandat §. 11. und 16. den R. A. von
1495. in Ansehung der Gotteslästerer die P. G. O. Art. 157.
und aus dem Römischen Rechte l. 7. §. vlt. D. ad l. Jul.
repetund. l. 5. C. de inj. l. 58. §. 8. D. ad l. Jul. de adult.
Uebrigens ist darüber nachzusehen Ludovici in der Disput.
an et quatenus adfectus humani in foro considerentur. Halae 1760. §. 15. — 42. und *Westphal* in den Grundsäzzen
von der rechtlichen Beurtheilung der aus Hizze des Zorns
unternommenen Handlungen, Halle 1784.

β) l. 1. §. 1. D. de abig. und *Püttmann* in der angeführten Prolus. von diesem Umstande.

γ) L. 17. §. 12. D. de aedilit. edict.

δ) C. 3. X. de furtis, und l. 6. §. vlt. D. de offic. praesid.

§. 453.

bb) Je wenigere und kleinere äussere Hindernisse der Delinquent bei der Ausübung

eines Verbrechens zu überwinden hatte,
desto weniger wird ihm dieses zugerechnet.

Hierher gehören wieder die Stellen aus den positiven
Gesezzen, worinne auf die gute Gelegenheit zu einem
Verbrechen Rüksicht genommen wird.

## Von der zweiten Hauptregel.

### §. 454.

Diese ist nach den positiven Gesezzen auf
folgende Art zu bestimmen: Je rechtmässiger
die Triebfedern des Delinquenten zu seinem Verbrechen an sich waren, desto weniger kann man
ihm dasselbe zurechnen.

### §. 455.

a) Daher ist die positive Zurechnung in den
    Fällen kleiner, wo Jemand aus an sich er-
    laubten Triebfedern ein Verbrechen begeht,
    als wenn auch diese unerlaubt sind.

Wenn Jemand z. B. zur Vertheidigung seines ihm wirklich zustehenden Rechts eine unerlaubte Gewalt ausübt.
S. *Leyser* sp. 540. und *Boehmer* ad art. 124. §. 1.

### §. 456.

Sind aber auch sogar die Triebfedern unerlaubt, so ist doch in der Hinsicht noch diese Regel anwendbar:

b) Je weniger die Gesezwidrigkeit der Triebfe-
    dern die Gesezwidrigkeit der äussern That

erreicht, oder übersteigt, desto weniger ist
diese zuzurechnen.

Die darauf sich beziehenden Unterschiede der positiven
Strafbestimmungen fallen sogleich in die Augen. Z. B.
Todschlag zur Verfolgung seines Rechts, oder aus Rache,
und um zu rauben. Ferner gewaltsame Entführung, einer
rechtmässigen ehelichen Verbindung, oder der blossen
Wollust wegen.

## *Von der dritten Hauptregel.*

### §. 457.

Diese leidet hier folgende Veränderung : Je
verborgener und unvollkommener der Delinquent
das Verbrechen ausgeführet hatte, desto weniger
wird ihm dasselbe zugerechnet. Den ersten Saz
bestätigen unmittelbar unsere Gesezze.

S. Const. El. 28. p. 4. von den öffentlichen Huren. l. 7. 8.
l. 9. D. de injur. Uebrigens ist davon nachzusehen *Fari-
nacius*, qu. 18. n. 66· 71. und *Matthaei* in Comment.
de crim. l. 48. t. 18. c. 4. n. 25. u. f.

### §. 458.

Nach dem zweiten Sazze dieser Regel, werden in den peinlichen Gerichten die vorgehab-
ten Verbrechen weniger, als die begangenen,
und diese wieder weniger als die vollbrachten
zugerechnet α) wobei man denn auch wieder in
Betrachtung ziehet, ob und wie viel der freie Wille des Delinquenten an der Nichtvollbringung des
Verbrechens Antheil hatte β).

a) *Böhmer* ad art. 178. §. 12. und *Quistorp* a. a. O. §. 96. u. f.

β) l. 19. pr. ad l. Corn. de falsis und *Böhmer* in §. Observ. ad Carpzovii qu. 2. obs. 4.

## §. 459.

Doch giebt es auch Fälle, wo die positiven Gesézze verordnen, dass ein blos angefangenes Verbrechen eben so sehr zugerechnet werden solle, als ein vollbrachtes. Diese Verordnungen widersprechen den Regeln der Zurechnung aber nicht so, wie es scheint. Sie sind vielmehr dafür anzunehmen, und so zu erklären, dass das, was man sonst gewöhnlich nur für einen Versuch halten würde, in den Fällen schon für die Vollbringung anzusehen sey. Denn der Versuch, als ein solcher, kann in der Regel nie ohne Inconsequenz der Vollbringung gleich geachtet werden.

Vergl. A. B. cap. 24. R. A. von 1555. §. 26. P. G. O. Art. 128. und l. 5. C. ad l. Iul. Maiest.

2) In Ansehung der theilnehmenden Bestimmung zu einem Verbrechen.

## §. 460.

Auf die nämliche Art stimmt auch das positive Recht in der Zurechnung der theilnehmenden Bestimmung zu einem Verbrechen mit den allgemeinen Regeln von den Graden derselben überein. Dieses kann um so weniger in

Zweifel gezogen werden, da die Regeln der
ursprünglichen und theilnehmenden Bestimmung
von einander nicht verschieden waren.

Vergl. §. 426 - 431. P. G. O. Art. 120. 121. 122. und
159. Nur das Römische Recht weicht hier in einigen
Fällen von den allgemeinen Grundsäzzen der Zurechnung
ab, welches aber in soferne durch neuere Gesezze un-
gültig grworden ist.

### §. 461.

Es bleibt uns daher auch hierbei weiter
nichts übrig, als einige der vorzüglichsten von
den ausdrüklichen gesezlichen Vorschriften darüber zur Bestätigung des vorhergehenden Sazzes
anzuführen. Wir beziehen uns dabei auf die
§. 431. schon bemerkten Regeln, und befolgen
wieder die schon beobachtete Ordnung derselben.

### §. 462.

Die mittelbare Theilnahme wird weniger
als die unmittelbare zugerechnet. Wenn daher
Theilnehmer nicht Mitverschworne sind, so
nehmen unsere Gesezze mehr auf diejenigen Rüksicht, welche bei der Ausübung der That selbst
gegenwärtig waren, als auf andere Gehülfen,
da in jenem Falle die Theilnahme in der Regel
eine unmittelbare zu seyn pflegt. Auch werden
gewöhnlich die unmittelbaren Theilnehmer Urheber genannt.

P. G. O. Art. 148. und 177. Cap. 6. X. de homicid. Diese Vorschriften sind einigen Römischen Gesezzen

zuwider, welche einem Gehülfen das Verbrechen eben
so sehr zurechnen, als demjenigen, der die That selbst
beabsichtigte. ¹L. 50. §. 4. l. 54. §. 4. D. de furtis l. 7.
D. qui sine manum. l. 8. und 9. §. 2. D. ad l. Iul. de adult.
Die P. G. O. verordnet aber, dass die Theilnahme
nach Unterschied der Fälle verschieden zugerechnet werden solle.

Nach dem Chursächsischen Gerichtsgebrauche werden
auch diejenigen, welche blos während der That des Verbrechens Wache stehen, oder mit anderer hülflichen Handleistung dabei gegenwärtig waren, dem Thäter selbst gleich
geachtet. S. *Püttmann* in s. Element. iur. crim. §. 469.
und *Erhard* a. a. O. §. 94.

## §. 463.

Bei der Verbindung mehrerer Urheber nehmen die Gesezgeber ebenfalls auf den Auftrag *)
den Befehl β) die Leistung eines unentbehrlichen Beistandes γ) und auf die Verführung *)
Rüksicht, in wieferne dadurch eine Verschwörung oder ein Complot begründet wird, und
unterscheiden dabei auf die nämliche Art, wie
wir §. 376-382. gethan haben.

α) L. 3. §. 4. l. 15. §. 1. D. ad l. Corn. de sicar. l. 169.
de reg. iur. l. 5. C. de accus. l. 11. pr. D. de inj. l. 5. §. 14.
D. quod vi aut clam l. 7. §§. 5. D. de iurisd. l. 5. D. ne
quis eum qui in ius. *Stryck* de mandato rei turpis, *Böhmer*
ad art. 177. §. 3. u. 4. und *Quistorp* a. a. O. §. 59.

β) *Püttmann* in der angeführten Prolus. an et quatenus
iussio eum, qui paret, a poena excuset, eamue minuat.

γ) *Quistorp* a. a. O. §. 55.

δ) *Böhmer* ad art. 177. §. 5. und obs. 1. ad Carpz. q. 87.
*Wernher* p. 9. obs. 50. und *Movius* p. 7. dec. 71. n. 7.

## §. 464.

Was die mittelbare Theilnahme betrifft, so wird besonders die vorher verabredete und die blos zufällig sich ereignete unterschieden, und nothwendig diese weniger, als jene zugerechnet.

S. *Meister* in s. rechtlichen Erkenntnissen in peinlichen Fällen, Th. 1. Dec. 14. n. 8. und *Quistorp* a. a. O. §. 54.

## §. 465.

Unter andern zeichnet man in den peinlichen Gerichten die unentbehrliche Theilnahme vor der entbehrlichen aus, so dass jene, wenn sie wissentlich geschiehet, die Zurechnung des Hauptverbrechens erreichen kann.

S. *Böhmer* ad art. 177. §. 1.

## §. 466.

Auch haben die blossen Begünstiger einen kleinern Grad der Zurechnung, als die eigentlichen Theilnehmer zu erwarten.

S. *Böhmer* a. a. O. §. 1.

## §. 467.

Die übrigen Unterschiede der mittelbaren Theilnahme sind dem Ermessen des peinlichen Richters überlassen, welcher die Analogie der angegebenen Bestimmungen, so wie auch die allgemeinen Regeln an sich zu befolgen hat.

# Anhang.

Vielleicht vermisste man in dieser Lehre eine nähere Bestimmung der Milderung und Schärfung der Strafen, welche sich auf die Grade der Zurechnung beziehen. Diese werden aber in dem zweiten Hauptstükke folgen, wohin sie eigentlich gehören, da das Strafrecht noch vorher erklärt werden muss.

## Fünfter Abschnitt.

### *Von der Eintheilung der Verbrechen.*

### §. 468.

Die Entwikkelung der objectiven und subjectiven Grösse, so wie überhaupt die Lehrsäzze von der Zurechnung der Verbrechen führen uns in diesem ersten Hauptstükke zulezt zu den Eintheilungen derselben, da wir bei jenen die Verschiedenheit der Verbrechen kennen gelernt haben, auf welche sich diese beziehen. Einige sind nach allgemeinen Grundsäzzen zu formiren, und andere findet man in den in Chursachsen geltenden peinlichen Gesezzen. Jene erleichtern die Bildung und Uebersicht des Systems, und diese gehören besonders auch zum Verstehen der positiven Vorschriften.

## Erste Abtheilung.

*Von der Eintheilung der Verbrechen nach den allgemeinen Grundsäzzen.*

### §. 469.

Die ersten und vorzüglichsten Eintheilungsgründe bestehen in der verschiedenen objectiven und subjectiven Grösse der Verbrechen, sowohl jede für sich, als auch beide in Verbindung betrachtet. Was zuerst die objective Grösse betrifft, so haben wir die Verbrechen, so wie die peinlichen Gesezze, §. 15. und 28. in *eigentliche* und *uneigentliche* einzutheilen. Jene sind *unmittelbare Verlezzungen der natürlichen Zwangsrechte*, diese solche *Störungen der zur Mehrung der Vollkommenheit des Staats getroffenen Anstalten, die nach Art der eigentlichen Verbrechen geahndet werden.*

### §. 470.

Die natürlichen Zwangsrechte, welche durch eigentliche Verbrechen unmittelbar verlezt werden, stehen *zunächst* entweder dem ganzen Staate, als ein Körper betrachtet, zu, und sind Collegialrechte, oder einzelnen Mitgliedern desselben. Daher unterscheidet man bei den eigentlichen Verbrechen wieder *unmittelbare* und *mittelbare*, die füglich auch *Staats-* und *Bürgerverbrechen* genennt werden können.

### §. 471.

Die unmittelbaren Verbrechen leiden noch eine neue Unterabtheilung. Sie sind entweder *Majestäts* - oder *Staatsverbrechen insbesondere*. Unter jenen verstehet man die Verlezzungen eines der beiden Haupttheile der Majestät oder Souveränität in seinem ganzen Umfange. Dieselben bestehen bekanntermaassen erstlich in dem Rechte, zu dem Staatszwekke vereiniget zu seyn, und zweitens in dem Rechte, die Mittel dazu zu wählen und geschehend zu machen. Diese sind aber Verlezzungen der bestimmten einzelnen Mittel zum Staatszwekke, oder der einzelnen Collegialrechte des Staats.

Der Ausdruk: *Majestätsverbrechen* kommt daher, weil auch jedes der beiden Hauptrechte der Majestät, einzeln für sich betrachtet, mit dem Namen belegt zu werden pflegt. S. *Eberhard* über Staatsverfassungen und ihre Verbesserung, Th. 1. S. 40. Vorles. 7.

Zu dieser Art von Verbrechen gehöret *der Hochverrath* und *das Verbrechen der beleidigten Majestät insbesondere*.

Was die Staatsverbrechen insbesondere betrifft, so sind einige bisher fälschlich dazu gezählet worden. Dem angegebenen Begriffe zufolge ist als ein solches weiter keins, als *Aufruhr, Burgfriedensbruch, öffentliche Gewalt, Bestehlung des Staatsvermögens, Verrükkung der Landesgränzen*, und *das unbefugte Ausprägen der Münzen* anzusehen.

### §. 472.

Ferner unterscheiden sich die eigentlichen Verbrechen nach Verschiedenheit der natürlichen

Zwangsrechte an sich selbst. So wohl die unmittelbaren als auch die mittelbaren sind in der Rüksicht noch in solche einzutheilen, die das Recht entweder auf die Existenz einer Person, oder auf ihre Handlungen, oder auf den Gebrauch der Sachen verlezzen, da auch der Staat als moralische Person die nämlichen Urrechte hat. Doch kommt der Unterschied besonders bei den mittelbaren Verbrechen vor, die man gewöhnlich in die *wider Leben* a), *Gesundheit* b), *Freiheit* c), *Ehre* d) und *Eigenthum* e) eintheilt.

Dazu gehören:

a) *Kinderabtreibung* in sofern es nicht von den nächsten Verwandten geschiehet, *Todschlag, Giftmischung, Meuchelmord, Mord der nächsten Verwandten* und *Mord insbesondere.*

b) Sogenannte *Realinjurie* und alle Verstümmelungen und Verlezzungen des Körpers.

c) *Menschenraub, gewaltsame Entführung, Nothzucht, Kirchenraub, Raub insbesondere, gefährlicher Diebstahl, Concussion, Landfriedensbruch, Hausfriedensbruch* und alle andere Arten der *Privatgewalt,* welche in eines der genannten Verbrechen nicht ausarten.

d) *Pasquill* und *Verbalinjurie.*

e) *Gemeiner Diebstahl, unrechtmässiges Vorenthalten der gefundenen Sachen eines Andern* und *Feueranlegen.* Dieses lezte Verbrechen und den Landfriedensbruch sehen alle andere für Staatsverbrechen an. Das Feueranlegen artet aber nur dann in ein solches aus, wenn Staatsgebäude angezündet werden. Und der Landfriedensbruch kommt hier blos in Betrachtung, in soferne Privatpersonen, und nicht Reichsstände sich dessen schuldig machen, und diese verlezzen dann höchstens ganze Oerter, nicht aber den ganzen Staat.

#### §. 473.

Endlich haben wir noch die eigentlichen
Verbrechen in solche, *welche die Sicherheit vor
gegenwärtigen Verlezzungen*, und in solche,
*welche die Ruhe vor besorglichen Beleidigungen
stören*, einzutheilen. Dieser Unterschied äussert
sich bei allen schon genannten Arten der Verbrechen. Denn alle die verschiedenen Verlezzungen können nicht nur zugleich wirklich zu-
gefügt, sondern auch blos gedroht werden. Und
im lezten Falle wird das natürliche Zwangsrecht
auf Ruhe gestört.

> Die Verbrechen wider die Ruhe vor besorglichen Be-
> leidigungen kommen unter dem allgemeinen Namen der
> *Drohungen* vor. Insbesondere ist aber dazu *unerlaubte
> Gesellschaft, Tumult, Befehdung* und *Wegelager* zu
> zählen.

#### §. 474.

Auch die uneigentlichen Verbrechen sind
vorzüglich in Ansehung der objectiven Grösse einzutheilen. Sie unterscheiden sich nach den verschiedenen Gegenständen der Polizeigesezze,
und insbesondere der uneigentlichen peinlichen
Gesezze, welche eine Art von jenen sind, und
ebenfalls auf Mehrung der Vollkommenheit des
Staats abzwekken. §. 21. — 23 Eine Vollkommenheit des Staats bestand unter andern in der
Mehrung und Bildung der Mitglieder. Und diese
haben die uneigentlichen peinlichen Gesezze zu

ihren Gegenständen. Daher theilen wir auch die uneigentlichen Verbrechen überhaupt *in solche ein, welche die Bevölkerung hindern,* und *in solche, welche der Bildung zuwider sind.*

### §. 475.

Die Bevölkerung kann *unmittelbar* und *mittelbar* gehindert werden. Jenes geschieht durch Entfernung der schon existirenden Mitglieder, und dieses erstlich durch zwekwidrige Befriedigung des Geschlechtstriebes, und zweitens durch Schmälerung und Entziehung des nöthigen Unterhalts. Dem zu Folge sind die uneigentlichen Verbrechen wider die Bevölkerung theils *unmittelbare* a), theils *mittelbare,* und diese wieder *entweder Verbrechen wider die Fortpflanzung* b), oder *wider den hinlänglichen Unterhalt* c) *der Bürger.*

Dazu gehören:

a) *unrechtmässige Verleitung der Mitglieder den Staat zu verlassen.*

b) *Ehebruch, vielfache Ehe, Hurerei, Schwächung, Concubinat, widernatürliche Befriedigung des Geschlechtstriebes, Beischlaf der Verlobten, Kuppelei* und *Beischlaf unter nahen Verwandten*

c) *Vor- und Aufkauf, Wucher* und *Gluksspiel.*

### §. 476.

Was die Bildung betrifft, so ist sie zwar eine geistige und körperliche oder physische, es kommen aber blos uneigentliche Verbrechen in Ansehung der geistigen Bildung vor. Zu dieser gehört Moralität und Religion. Wider beide giebt es uneigentliche Verbrechen. Diejenigen, welche der geistigen Bildung zuwider sind, theilen wir also wieder in *immoralische* und *irreligiöse* ein.

## §. 477.

Die immoralischen Verbrechen beziehen sich auf Verlezzungen der Pflicht zur *Wahrhaftigkeit*, und der *Selbsterhaltung*, und leiden in der Hinsicht eine neue Unterabtheilung. Durch Vernachlässigung der Wahrhaftigkeit werden zunächst sowohl die Rechte des ganzen Staats, als auch einzelner Bürger verlezt. Daher treffen wir auch unter den uneigentlichen Verbrechen wider die Wahrhaftigkeit *Staats-* und *Bürgerverbrechen* an. ·

Zu den Verbrechen wider Wahrhaftigkeit und Treue, wodurch der ganze Staat zunächst verlezt wird, ist *Unterschlagung des anvertrauten Staatsvermögens, Beugung des Rechts aus Partheilichkeit, unrechtmässige Erlangung und Besezzung öffentlicher Aemter,* und *Vergehung an gangbaren Münzen,* zu zählen.

Zu denjenigen Verbrechen dieser Art aber, welche einzelne Bürger verlezzen, gehöret: *Unterschlagung des anvertrauten Privatvermögens, betrügerisches Aufborgen, Meineid, Büchernachdruk, Zauberei, Wahrsagerei, Verrükkung der Privatgränzen, Prävarication* und *alle Betrügereien,* die in eines der genannten Verbrechen nicht ausarten.

**§. 478.**

Die Pflicht der Selbsterhaltung wird übertreten, wenn Jemand selbst Hand an sich legt, oder doch wenigstens sich freiwillig dem Tode oder einer Verlezzung aussezt.

Dafür ist *Selbstverstümmelung*, *Selbstmord* und das *Duell* anzusehen.

**§. 479.**

Die irreligiösen Verbrechen kommen hier nicht als Vergehungen gegen Gott, sondern blos in Beziehung auf den nachtheiligen Einfluss vor, welchen sie auf die Mehrung der Vollkommenheit des Staats haben.

Dazu gehöret *Gotteslästerung* und sogenannte *Kezzerei*.

**§. 480.**

Nach der subjectiven Grösse, als dem zweiten Eintheilungsgrunde, theilet man alle Verbrechen ohne Unterschied in *vorsäzliche* und *verschuldete* ein, je nachdem Vorsaz, oder Schuld dabei zum Grunde liegt. Es giebt nämlich bei jedem der genannten Verbrechen Fälle, wo sie nicht nur durch Vorsaz, sondern auch durch Schuld vollbracht werden können.

Besondere Namen hat man von den verschuldeten Verbrechen in den Gesezzen nicht.

**§. 481.**

Eigentlich sollte man die Verbrechen in

Rüksicht der subjectiven Grösse in *vorsäzliche* und *schuldige* eintheilen. Da man aber in den peinlichen Gerichten nicht sowohl auf die Handlungen der Schuld an sich selbst, als vielmehr auf die daraus erst entstandenen, oder verschuldeten Vergehungen achtet, und nur diese, zu ahnden pflegt, so würde doch diese Eintheilung keinen practischen Nuzzen haben.

## §. 482.

Den dritten Eintheilungsgrund macht die objective und subjective Grösse in Verbindung aus, und wir nehmen also bei der folgenden Eintheilung der Verbrechen auf ihre Grösse überhaupt Rüksicht. Die daraus entstehenden Eintheilungsglieder lassen sich jedoch nicht füglich und wenigstens nicht ohne eine ermüdende, und dennoch unzureichende Weitläuftigkeit bestimmen, da die Grade der Grösse aller Verbrechen so unendlich verschieden sind. Man überlege nur die Grade der objectiven und subjectiven Grösse besonders, und es wird sich schon ein unübersehbares Feld der Untersuchung eröffnen, wenn man sie alle entwikkeln und ordnen wollte. Schon die angegebenen Grundregeln dazu sind nicht so leicht zu übersehen.

## §. 483.

Dennoch aber sezt man gewöhnlich drei Grade fest, und theilt aus dem Gesichtspunkte die Verbrechen überhaupt in die *grösten* (Delicta atrocissima), *grossen* (atrocia) und *kleinen*, *geringen Begünstigungen*, *Frevel* (levia) ein. Die *grösten* sind solche, *bei denen die höchsten Grade der Grösse eines Verbrechens zusammentreffen*, *die grossen, bei denen einige derselben fehlen*, und die *kleinen*, *wo keiner der ein Verbrechen sehr erschwerenden Umstände vorkommt*. Obgleich die Begriffe dieser Eintheilung noch sehr unbestimmt sind, so wage ich doch aus den schon bemerkten Gründen eine genauere Angabe nicht.

Die Criminalisten nehmen gewöhnlich bei dieser Eintheilung blos auf die Grösse der auf ein Verbrechen gesezten Strafe Rüksicht, und unterscheiden *Delicta capitalia* und *levia*, und bei jenen wieder *atrocia* oder *atrocissima* und *simplicia*. S. *Püttmann* in den Element. jur. crim. §. 30. und *Dorn* a. a. O. §. 24.

### §. 484.

Nun giebt es noch fünf weniger wichtige Unterschiede der Verbrechen, die wir aber doch nicht übergehen dürfen. Die Pflichten, welche durch Verbrechen verlezt werden, sind erstlich theils positive, theils negative. Daher theilt man dieselben in *Unterlassungs-* und *Begehungsverbrechen* ein, je nachdem sie ein peinliches Gesez verlezzen, das etwas gebietet, oder verbietet.

Beispiele von den Unterlassungsverbrechen hat *Matthaei* in s. Tract. de crim. gesammelt, Proleg. C. 4. n. 1. und

*Püttmann* in den Element. jur. crim. §. 31. Uebrigens ist darüber noch nachzusehen *Funckler* in der Disp. de crimine omissionis, Lips. 1776.

## §. 485.

Das Zusammentreffen mehrerer Verbrechen bei einem und ebendemselben Delinquenten veranlasst den zweiten zu berührenden Unterschied der Verbrechen. Durch diese werden entweder verschiedene peinliche Gesezze übertreten, oder nicht. Im ersten Falle heissen sie *gehäufte (concurrentia)*, tritt aber der zweite Fall ein, so werden sie *fortgesezte*, oder *wiederholte* genennt, (*continuata* und *repetita* oder *reiterata*) da das Object entweder ebendasselbe, oder ein anderes ist.

S. *Püttmann* in s. Element. jur. crim. §. 33. und *Dorn* a. a. O. §. 27. *Steltzer* in s. Lehrbuche des deutschen Criminalrechts §. 96. siehet bei den wiederholten Verbrechen allein auf die Zeitfolge.

## §. 486.

Drittens siehet man auch auf die Grade der Ausführung eines beabsichtigten Verbrechens, und unterscheidet *vorgehabte* oder *versuchte (attentata)* wenn nur Vorbereitungen zur Ausführung eines Verbrechens gemacht, *begonnene (inchoata)* wenn die Handlung des Verbrechens selbst angefangen, und *vollbrachte (consummata)*

II.                    M

wenn die That in dem Grade ausgeführt worden ist, welchen der Gesezgeber bei Bestimmung der Strafe angenommen hatte.

Vergl. *Schmidel* in der Disp. de conatu, Gies. 1667. *Lud. Menken* und *G. L. Herzog* in den beiden Disput. de crimine Conatus, Jen. 1735. und *Elsaesser* de initiis delictorum, Tüb. 1768.

## §. 487.

Bei dem Beweise durch Anzeigen kommt viertens die Eintheilung der Verbrechen in solche, *die Spuren oder Merkmale der That zurüklassen*, und solche, *die nach ihrer Vollziehung unsichtbar sind*, vor. (*Delicta facti permanentis und transeuntis*).

## §. 488.

Endlich theilt man noch die Verbrechen fünftens in Ansehung der Fähigkeit, solche zu begehen in *eigene* oder *besondere* und *allgemeine* ein. (*propria* und *communia*.)

S. *Steltzer* a. a. O. §. 94. *Dorn* a. a. O. §. 26. und *Ben. Millerot* de delictis communibus, 1611. 8. Dieser Unterschied der Verbrechen wird auch in den Chursächsischen Gesezzen bemerkt. S. das neue Kriegsreglement vom 23. Jan. 1789. Abschn. 9. §. 1. 7. 8.

## §. 489.

Die sonst noch vorkommende Eintheilung

*in Verbrechen Einzelner* und *einer Gemeinheit* ist unstatthaft. Die Erfordernisse der lezten Art zeigen offenbar, dass man diese mit dem gemeinschaftlichen Verbrechen verwechselt habe.

Die gewöhnliche Bestimmung der Eintheilung hat *Dorn* a. a. O. §. 36. bemerkt. In wiefern sie aber weder nach allgemeinen, noch nach positiven Gesezzen statt haben könne, ist von *Malblanc* in s. Opusc. ad jus crim. spectant. Comment. 1. gezeigt worden.

## §. 490.

Auf diese Eintheilungen gründet sich zuerst die Classification aller einzelnen Verbrechen, die in den Lehrbüchern gewöhnlich genannt werden. Die Ordnung, nach welcher sie auf einander folgen, ist nun diese:

1) Eigentliche Verbrechen,

A) diejenigen, welche zugleich die Sicherheit vor gegenwärtigen Beleidigungen stören,

a) vorsäzliche,

aa) unmittelbare, oder Staatsverbrechen,

aaa) Majestätsverbrechen,

α) *Hochverrath,*

β) *das Verbrechen der beleidigten Majestät insbesondere,*

bbb) Staatsverbrechen insbesondere,

α) *Aufruhr,*

M 2

β) *Burgfriedensbruch*,

γ) *öffentliche Gewalt im Allgemeinen*,

δ) *Entwendung des Staatsvermögens*,

ε) *Verrükkung der Landesgränzen*,

ζ) *unbefugtes Ausprägen der Münzen*,

bb) mittelbare oder Bürgerverbrechen,

 aaa) wider das Leben,

  α) *Mord*,

  β) *Mord der nächsten Verwandten*,

  γ) *Meuchelmord*,

  δ) *Giftmischung*,

  ε) *einfacher Todtschlag im Allge-meinen*,

  ζ) *Kinderabtreibung in soferne es nicht von den nächsten Verwand-ten geschiehet*,

 bbb) wider die Gesundheit,

  α) *sogenannte Realinjurie*,

  β) *Verstümmelung und Verlezzung des Körpers*,

 ccc) wider die Freiheit,

  α) *Menschenraub*,

  β) *gewaltsame Entführung*,

  γ) *Nothzucht*,

  δ) *Kirchenraub*,

ε) *Raub insbesondere,*

ζ) *gefährlicher Diebstahl,*

η) *Landfriedensbruch,*

ϑ) *Hausfriedensbruch,*

ι) *Concussion,*

κ) *Privatgewalt im Allgemeinen.*

ddd) wider die Ehre,

α) *Pasquill,*

β) *Verbalinjurie.*

eee) wider das Eigenthum,

α) *Feueranlegen,*

β) *gemeiner Diebstahl,*

γ) *unrechtmässiges Vorenthalten der gefundenen Sachen.*

b) verschuldete Verbrechen, §. 480.

B) diejenigen, welche allein die Ruhe vor besorglichen Beleidigungen stören, §. 473.

α) *Wegelager,*

β) *Befehdung,*

γ) *Tumult,*

δ) *unerlaubte Gesellschaft,*

ε) *Drohung im Allgemeinen.*

2) uneigentliche Verbrechen,

A) vorsäzliche,

a) diejenigen, welche die Bevölkerung
hindern,

aa) unmittelbar,

*unrechtmässige Verleitung der Mit-
glieder, den Staat zu verlassen.*

bb) mittelbar,

aaa) durch zwekwidrige Befriedigung
des Geschlechtstriebes,

α) *Ehebruch*,

β) *vielfache Ehe*,

γ) *Hurerei*,

δ) *Schwächung*,

ε) *Concubinat*,

ζ) *widernatürliche Befriedigung des
Geschlechtstriebes*,

η) *Beischlaf der Verlobten*,

θ) *Kuppelei*,

ι) *Beischlaf der nahen Verwandten*,

bbb) durch Minderung des hinlänglichen Unterhalts.

α) *Vor- und Aufkauf*,

β) *Wucher*,

γ) *Glüksspiel*,

b) diejenigen, welche der Bildung der Bürger zuwider sind,

aa) immoralische

aaa) wider die Wahrhaftigkeit,

    aaaa) wodurch zunächst der ganze Staat verlezt wird,

        *α) Unterschlagung des anvertrauten Staatsvermögens,*

        *β) Beugung des Rechts aus Partheilichkeit,*

        *γ) unrechtmässige Besezzung öffentlicher Aemter.*

        *δ) Vergehung an gangbaren Münzen,*

    bbbb) wodurch zunächst einzelne Bürger verlezt werden,

        *α) Unterschlagung der anvertrauten Privatgüter,*

        *β) betrügerisches Auflorgen,*

        *γ) Meineid,*

        *δ) Büchernachdruk,*

        *ε) Zauberei,*

        *ζ) Verrükkung der Privatgränzen,*

        *η) Betrügerei im Allgemeinen,*

bbb) wider die Selbsterhaltung,

    *α) Selbstmord,*

    *β) Duell,*

    *γ) Selbstverstümmelung,*

B) verschuldete Verbrechen, §. 480.

Doch glaube man nicht, dass diese Tabelle alle diejenigen Handlungen in sich fasse, welche nach den Chursächsischen peinlichen Gesezzen als Verbrechen geahndet werden. Es giebt deren noch mehrere, von denen wir in dem zweiten Buche handeln werden. Diese sollen blos als eine Anleitung dienen, die Verbrechen zu classificiren.

# Zweite Abtheilung.

*Von den Eintheilungen der Verbrechen nach den positiven Gesezzen.*

---

## §. 491.

Einen vorzüglichen practischen Nuzzen haben diejenigen Eintheilungen, welche in den ursprünglich Chursächsischen Gesezzen vorkommen. Diese unterscheiden zuerst in Ansehung des Gerichtszwanges der hohen und niedern Gerichtsbarkeit *grobe (hohe)* und *geringe (kleine) Brüche.* Jene werden solche Verbrechen genannt, *die mit Lebens- und Leibesstrafen geahndet werden.* Zu den Leibesstrafen gehörte ehedem Landesverweisung und heutzutage ist auch Zuchthaus ihnen gleich geachtet. Alle andere Verbrechen, worauf kleinere Strafen folgen, sind geringe Brüche.

Diese Eintheilung ist in der Constit. des Herzogs George vom Jahr 1506. C. A. Th. 1. S. 1043. und in den beiden Ausschreiben von 1550. C. A. Th. 1. S. 31. und von 1555. C. A. Th. 1 S. 48. bestimmt. Doch entstehen hierbei mehrere Zweifel, da seit der Zeit viele Strafen sehr verändert und insbesondere gemildert worden sind; Leibesstrafen bald in einem engern, bald in einem weitern Sinne genommen werden, und es überdieses willkührliche Strafen giebt. In den angeführten Gesezzen sind daher viele Beispiele zur mehrern Bestimmung angegeben.

Auch findet man in *Carpzovs* nova pract. rer. crim. Q. 109.
n. 25. u. ff. eine nähere Erläuterung dieser Eintheilung.

Unter andern gehören in Ansehung der Injurien diejenigen zu den geringen Brüchen, welche nicht an befreiten
Orten, oder wider dergleichen Personen verübt werden,
und in Ansehung der körperlichen Verletzungen solche,
welche keine Lähmden, oder offene Wunden sind, oder
werden, und überhaupt der Beischlaf der Verlobten, und
ein Diebstahl am Werthe unter 4 gl. Alle andere Verletz-
zungen und andere fleischliche Vergehungen werden als
hohe Brüche angesehen. *Winckler* in den Opusc. min.
Corr. 7. S. 29.

## §. 492.

Die neuern Gesezze zeichnen ebenfalls diejenigen Verbrechen, *bei denen es zu einer Le-
bens- oder Leibesstrafe kommen kann*, in Ansehung der Beseczung der Gerichtsbank und der
richterlichen Pflicht, einen Defensor zu bestel-
len vor andern, deren Strafen gelinder sind,
ausdrüklich aus. Jene nennen die Criminalisten
*peinliche Verbrechen*, und diese *geringe Frevel*
oder *Begünstigungen*. Den Leibesstrafen wird
auch hier Zuchthaus, öffentliche Arbeit und
lebenslängliches Gefängniss gleich geschäzt.

S. das Generale vom Verfahren in Untersuchungssachen
vom 30. April 1783. §. 1. und 15. *Carpzov* a. a. O. q. 102.
n. 51. u. ff. und q. 129. n. 13. u. ff. *Leyser* spec. 648.
m. 4. und *Meister* in der vollständigen Einleitung zur peinlichen Rechtsgelehrsamkeit in Deutschland, Götting. 1776.
S. 29. §. 4.

Das Wort peinlich wird in sehr verschiedenem Sinne gebraucht. Im weitesten Sinne sezt man es dem Worte: *bürgerlich* entgegen, und benennt diejenigen Fälle damit, welche eine öffentliche Ahndung nach sich ziehen §. 15. Anm. Dann entspricht ihm eigentlich nur allein der lateinische Ausdruk: *criminale*. Hernach zeigt das Wort eine harte Strafe an, wie es §. 497. vorkommt. Die dritte noch engere Bedeutung findet sich in dem gegenwärtigen Paragraphen. Und in dem engsten Sinne wurde es ehedem von den Verbrechen gesagt, deren Strafen an Hals und Hand giengen, zum Unterschiede von solchen, deren Strafen nur an Haut und Haar giengen. *Meister* a. a. O. §. 5. — 10. S. 33. u. ff. Diese lezte Bedeutung, so wie die Eintheilung selbst, hat aber heutzutage keine Anwendung. Vergl. *Grupen* in den Observat. rerum antiq. Germ. et Rom. Obs. 7. S. 123. und *Puffendorf* de jurisdictione Germanica, P. 2. Sect. 2. Cap. 1. §. 39..40.

### §. 495.

In Anschung der Zulässigkeit des Reinigungseides und des Zuchthauses, in wieferne lezteres als Beweismittel anstatt der Tortur heutzutage dient, theilt man ferner, nach dem Chursächsichen Gerichtsgebrauche, die Verbrechen in drei Classen ein. In die erste gehören diejenigen, *welche die öffentliche Ruhe und Sicherheit gewaltsam und unmittelbar stören, und mit Lebensstrafe geahndet werden,* zu der zweiten Classe rechnet man alle andere, *welche die öffentliche Ruhe und Sicherheit nicht gewaltsam und unmittelbar stören, aber doch entweder Todesstrafe, oder eine Zuchthausstrafe von mehrern als vier*

*Jahren nach sich ziehen*, und in der dritten Classe stehen *alle übrige geringere Verbrechen*, *bei
denen obige Umstände nicht anzutreffen sind.*

## §. 494.

Auch ist wenigstens in der **Theorie** die Eintheilung der Verbrechen in *handhafte* und *über-
nachtete Thaten* (*Delicta manifesta* und *per-
noctata*) von einigem Nuzzen.  Sie hat unter andern in dem Achtsprocesse eine Anwendung, der
aber, so wie die übrigen Fälle ihrer ehemaligen
Brauchbarkeit, heutzutage nicht leicht vorkommt.

Vergl. *Püttmann* in s. Elem. jur. crim. §. 28. *Erhard*
in s. Handbuche des Churs. peinl. Rechts §. 81. *Hultaus*
bei den Worten: Quernacht und übernächtige That, und
*Wildvogel* in der Disp. de criminibus pernoctatis, Jen.
1727.  Von der Anwendbarkeit dieses Unterschiedes der
Verbrechen handelt *Beyer* in der Delineat. jur. crim. ad
art. 87. pos. 18. — 24.

## §. 495.

Unter andern bemerkt man in den Lehr-
büchern *geistliche*, *weltliche* und *vermischte Verbrechen* (*ecclesiastica*, *secularia* und *mixta*) je
nachdem sie an weltlichen Personen von dem
geistlichen Richter, oder von dem weltlichen
Richter, oder von beiden ehedem bestraft werden konnten.  Der Unterschied schreibt sich

von den Zeiten her, da die Geistlichkeit vor ihr
vorgebliches Forum internum alle Verbrechen
zu ziehen, und die peinliche Gerichtsbarkeit immer mehr zu erlangen suchte.

Siehe *Püttmann* a. a. O. §. 35. *Erhard* a. a. O. §. 75.
*Boehmer* in den Princ. jur. can. L. 4 P. 2. T. 15. *Matthaei* a. a. O. in den Proleg. C. 4. u. 6. und *Hoffmann* in
den Praenotat. jurid. de origine, progressu et natura jurispr.
crim. Germ. §. 23. u. ff.

### §. 496.

Endlich theilt man noch die Verbrechen in
*ausgenommene* und *solche, bei denen ein regel-
mässiges Verfahren statt findet*, so wie auch in
*benannte* und *unbenannte*, ein; allein beide Eintheilungen sind zu wenig wichtig, als dass wir
uns dabei aufhalten sollten.

*Brehm* in der Disp. de delictis exceptis, Lips. 1788.
*Simon, Kühlewein* und *Hennemann* in der Disp. de delictis
innominatis. *Rommel* Obs. 256. *Quistorp* in den Grunds.
des deutschen peinlichen Rechts, §. 29. und *Matthaei*
a. a. O. c. 4. n. 13.

### §. 497.

Was das deutsche Recht betrift, so treffen
wir in der P. G. O. Carls des V. ebenfalls in Ansehung des Gerichtszwanges der hohen und niedern Gerichtsbarkeit die Eintheilung der Verbrechen in *peinliche Verbrechen*, und *geringe Frevel*

an, doch so, dass jene in einer sehr weiten Bedeutung genommen und solche darunter verstanden werden, denen in den Gesezzen *eine To-*
*des- Leibes- oder eine andere Strafe angedroht ist,*
*die diesen gleich geachtet wird.* Ueber die Vergleichung der Strafen aber sind die Criminalisten
verschiedener Meinung. Einige zählen ohnstreitig mit Recht zu den Leibesstrafen Gefängniss
von mehrern Wochen und Jahren, und Geldstra-
fen, die über 10 Rthlr. betragen.

S. den 1. 104. 110. 111. 113. 164. und 169. Art. der
P. G. O. worinne das Wort: *peinlich* sehr allgemein gebraucht wird. *Walch* in d. Glossar. Germ. ad C. C. C.
bei den Worten: peinliche Strafe. Die peinlichen Verbrechen werden nach der Strafe in thesi beurtheilt, wenn
diese auch in hypothesi gelinder ist. Geringere Frevel werden auch *bürgerliche Verbrechen* genannt, in dem die nie-
dere Gerichtsbarkeit oder das Recht, solche zu strafen mit
der bürgerlichen Gerichtsbarkeit verbunden ist. *Boehmer*
in den Observat. ad Carpz. pract. rer. crim. q. 102. Obs. 1.
und q. 109. obs. 4. — 9. *Puffendorf* a. a. O. P. 2. Sect. 2.
C. 2. und *Koch* in den Institut. jur. crim. §. 645. und *Ra-*
*bert* in der Disput. de diverso poenarum genere ex mente
C. C. indeque oriente discrimine inter delicta criminalia
et civilia Marb. 1779. welche nebst einigen Briefen darüber
von Koch unter dem Titel: über Civil- und Criminalver-
brechen und Strafen zu Giesen 1785 übersezt und abge-
drukt worden ist.

## §. 498.

In den Römischen Gesezzen unterscheidet

man besonders *delicta publica*, *privata* und *popularia*, da entweder der Staat, oder der unmittelbar Verlezte, oder jeder, der dieselben anklagte, deswegen von dem Verbrecher die Strafe fordern konnte.

S. *Finestres* in Hermogenian. T. 1. S. 628. u. ff. *Koch* und *Rabert* in der angef. Abh. S. 75. u. ff. *Grann* in der Disp. de superuacua delictorum divisione in publica et privata moribus nostris, Jen. 1756. und *Dorn* a. a. O. §. 21.

## §. 499.

In denselben findet auch noch ein Unterschied statt zwischen *Delictis ordinariis* und *extraordinariis ;* ingleichen zwischen *capitalibus* und *non capitalibus.* Delicta extraordinaria oder non legitima entstanden dann, wenn auf eine Handlung in den Gesezzen keine Strafe gesezt, oder dieselbe wenigstens nur ein Privatverbrechen war, und doch mit einer öffentlichen Strafe geahndet wurde.

S. *Matthaei* a. a. O. C. 4. n. 5. *Koch* in den Instit. jur. crim. §. 27. und *Dorn* a. a. O. §. 21.

## §. 500.

Unter andern hat man auch noch die Eintheilung der Verbrechen in *vera* und *quasi Delicta* in das Römische Recht hineingetragen, und verstehet unter jenen vorsäzliche, und unter diesen verschuldete Verbrechen. Die Begriffe sind aber unrichtig, und die sogenannten quasi De-

licta gehören gar nicht zu den Verbrechen. Sie
sind zwar an sich unerlaubte Handlungen, die
aber demjenigen, der, vermöge besonderer Verordnungen, daraus verbunden wird, entweder
moralisch, oder doch wenigstens bürgerlich
nicht zugerechnet werden können. Die daraus
entstehende Verbindlichkeit ist also blos eine
unmittelbare.

Sehr gut hat diese Begriffe berichtiget *Weber* von der
natürlichen Verbindlichkeit, Th. 1. §. 10. — 20. und *Wol-
taer* in den Observat. jur. civil. T. 1. Obs. 18.